공들이기

벽송 김정길
제6수필집

공들이기

벽송 김정길
제6수필집

머리글

한나라나 민족에 있어 문화가 곧 국력이고 역량이라는 말은 두말할 나위가 없다. 세계화 시대에는 어느 국가나 민족이 지니는 고유의 문화가 그 나라와 민족을 차별화하는 사물의 정도나 성격 따위를 알리기 위한 기준이 되고 나아가 그 정체성을 담보할 수 있게 되기 때문이다.

예로부터 온후한 인심과 물산이 풍부하고 멋, 맛, 소리가 어우러진 예향 전북은 사람들로 넘쳐났다. 조선 시대 전라감영이 있었던 전주는 한양, 평양과 어깨를 견주었던 삼대 도시로 호남과 제주도까지 관장했던 정치, 경제, 문화의 일번지였다.

아울러 후백제의 왕도와 조선 왕조의 발상지로 발길 닿는 곳마다 문화유산이다. 여기에 풍년을 기원하는 단오제, 전통 국악경연의 축제인 대사습놀이, 전주기접놀이 등은 우리 전통문화의 산실 역할을 했다. 선조들은 곱씹을수록 숭늉처럼 구수하고 구성진 한국 전통문화를 꽃피운 땅 전북의 산하를 전주 10경과 완산 승경(32경)으로 예찬했다.

비록 지금은 타지역에 비해 산업화에 뒤처진 농업 위주의 산업구조와 오랜 낙후 지속으로 어려운 상황에 직면해 있지만 전북이 낳은 문화는 백성을 위한 문화인 동시에 온 겨레문화이기에 더욱 자랑스럽다. 그래서 문화유산의 산실인 전북의 미래가 밝을 수밖에 없다. 특히 2036년 하계올림픽 국내 후보 도시로 서울시를 49 대 11로 꺾고 전북특별자치도로 결정됨에 따라 전북개최의 가능성이 높아지면서 전북특별자치도가 경제적, 문화적, 사회적 측면에서 획기적인 도약을 이룰 것으로 기대되고 있다.

이렇게 풍요롭고 훈훈한 인정과 우아한 예(禮)와 학(學)의 고장에서 행복한 삶을 영위할 수 있어 보람을 느끼고 있다. 더욱이 40여 년의 축적된 경험과 법고창신 정신으로 일제가 왜곡한 전통 지리와 잊힌 고유지명을 재조명해서 '전북의 산하'를 시군별로 엮는 사명감이야말로 가슴 뿌듯한 일이 아닐 수 없다.

금번 여섯 번째 수필집 『공들이기』 발간은 어린 시절부터 '매사에 탑을 쌓듯이 공들여야 한다.'고 귀에 옹이가 박히도록 말씀하셨던 어머님의 유지를 받들기 위해서다.

제1부 〈우리 땅, 전라도 천년의 풍상〉은 전라도 정도 천년을 맞아 선조들의 질곡 같은 삶과 숨결이 스민 전라도의 땅을 발품 팔아 쓴 서사시다.

제2부 〈금강산아, 내 소원 풀어다오〉는 우리 땅 북한의 금강산과 백두산, 그리고 중국의 동북공정에 의해 빼앗긴 고구려 땅을 둘러보고 역사와 문화를 재조명했다.

제3부 〈금강, 내 삶의 이정표〉는 전북에서 발원하는 금강, 섬진강, 만경강, 동진강, 인천강 등 5대강 유역을 답사한 뒤 일제강점기에 왜곡된 발원지와 문헌들을 바로잡아 이정표를 세우고 주변 문화와 하천지리를 재발견한 내용이다.

제4부 〈깨달음의 성지 모악산〉은 화자가 모악산지킴이 회장을 맡아 '모악산 명산 만들기'와 '모악산 클린 운동'을 전개하면서, 모악산에 보물처럼 숨겨진 역사·문화를 재구성했다.

제5부 〈전주문화의 꽃 바우설화〉는 전주의 역사·문화의 꽃인 바우들에 얽힌 선조들의 비보풍수와 세시풍속의 설화를 담았다.

제6부 〈공들이기〉는 '매사에 탑을 쌓듯이 공들여야 한다'는 어머님의 말씀을 좌우명 삼아 화자의 삶과 체험이 녹아있는 서정적인 글이다.

끝으로 화자와 함께 40여 년 동안 우리 산하를 함께 누벼온 호연지기들과 이 책의 발간을 위해 수고하신 청어출판사 이영철 대표와 관계자들께 깊은 감사를 드린다.

2025년 여름
전주 벽송당 우거에서 김정길

차례

머리글   4

제1부   우리 땅, 전라도 천년의 풍상

1. 전북이 낳은 문화는 온 겨레문화다   14
2. 우리 땅, 전라도 천년의 풍상(風霜)   18
3. 멋. 맛. 풍류의 본향 전주   21
4. 조선의 십승지 무주 산하   26
5. 고인돌과 갯벌의 보고 고창 산하   29
6. 낭주골 부안, 어염시초가 풍부한 땅   35
7. 옥천골 순창을 탐하다   42
8. 춘향골 남원에 취하다   47
9. 호남의 지붕, 월랑골 진안을 찬(讚)하다   57
10. 삼절의 고장 장수를 경외하다   63
11. 샘골 정읍, 죽창들고 민중 봉기한 동학의 땅   68
12. 천년목사 고을 나주를 톺아보다   74
13. 민족의 영산 지리산을 추앙하다   79

제2부 금강산아, 내 소원 풀어다오

1. 빼앗긴 백두산   82
2. 신화적 사유의 압록강   86
3. 금강산아, 내 소원 풀어다오   89
4. 서사문학의 산실 주몽 신화   92
5. 잊힌 고려강(高麗江)   95
6. 정복군주 광개토대왕   100
7. 잊힌 천리장성   103

제3부 금강, 내 삶의 이정표

1. 금강, 내 삶의 이정표   108
2. 호남의 젖줄 섬진강   113
3. 풍요와 수탈의 역사 스민 만경강   117
4. 도작문화의 발상지 동진강   122
5. 치산치수의 표본 인천강   127

제4부 깨달음의 성지 모악산

1. 모악산 원명(原名)을 톺아보다 — 132
2. 깨달음의 성지 모악산 — 136
3. 백제 왕실의 자복 사찰 귀신사 — 140
4. 미륵신앙의 뿌리 금산사 — 144
5. 모악은 인걸(人傑)의 요람 — 147
6. 모악은 우주의 배꼽 — 152
7. 천하제일 명당 김태서 묘 — 156
8. 도승, 진묵대사의 발자취 — 160
9. 해원(解冤) 신앙의 선구자 강일순 — 163
10. 모악은 호남의 조망대 — 166
11. 고려 밀교의 본산 대원사 — 170

제5부 전주문화의 꽃 바우설화

1. 전주의 정신적 지주 완산 장군바우 — 176
2. 후백제 도시구성에 부응한 거북바우 — 181
3. 천년고도 전주의 산증인 중바우 — 186
4. 용과 범의 맥이 흐르는 진북사 범바우 — 190
5. 정체성 복원을 갈망하는 갓바우 — 195
6. 군왕지지 회안대군 묘소 응시하는 괴바우 — 199

7. 전주의 3대 바람통 초록바우   203

8. 각시바우를 그리다   207

9. 호남의 명소 모악산 쉰질바우   211

제6부 공들이기

1. 공들이기   216
2. 내 안의 아버지를 보다   220
3. 매미와의 동고동락   224
4. 울지마, 죽산조(竹山鳥)   228
5. 야명조(夜鳴鳥)의 경종   232
6. 할매들의 힐링 필드   235
7. 어싱(Earthing) 예찬   239
8. 조리돌림의 두 얼굴   243
9. 햇병아리와 올빼미들의 문학축제   247
10. 비오그라 해프닝   254
11. 자영업자들 벼랑 끝에 서다   258
12. 섭리(攝理)   262
13. 자연과 인생   263

제1부

우리 땅, 전라도 천년의 풍상

① 선화당
② 내아 행랑채
③ 내아
④ 연신당
⑤ 관풍각
⑥ 비장청 행랑채
⑦ 내삼문

일제강점기 때 사라진 전라감영(上), 2020년 복원된 전라감영(下) (출처: 전주시)

1.
전북이 낳은 문화는 온 겨레문화다

　예로부터 온후한 인심과 물산이 풍부하고 멋, 맛, 소리가 어우러진 예향 전북은 문전성시를 이뤘다. 우리나라 산업이 농업 중심이었기에 사람으로 넘쳐났다. 궁핍했던 시절에 일용할 양식을 찾아 사람들이 모여든 것은 자연스러운 현상이었다. 풍요의 땅 전북은 금만평야를 안고 농경문화가 발달하였다. 1960년대부터 도도하게 밀어닥친 공업화의 물결 속에서 이 땅의 평야지가 공업용지로 탈바꿈해 가도 전북의 강산은 푸른 농경지의 옛 모습을 오롯이 간직해 왔다.

　전북이 낳은 문화는 온 백성을 위한 문화인 동시에 온 겨레문화다. 곱씹을수록 숭늉처럼 구수하고 구성진 한국 전통문화를 꽃피운 땅이 바로 전북이다. 전주 콩나물의 맛을 모르면 전주비빔밥 맛만 모르는 것이 아니라 한국 음식 맛을 모르는 이치다.

　조선 시대 전북은 호남과 제주도까지 관장하였던 전라감영을 두고 한양과 평양과 어깨를 견주었던 정치와 경제의 일번지였다. 멋, 맛, 소리의 본향 전주의 전주대사습은 우리나라 판소리의 요람 구실을 해왔다. 후백제의 왕도와 조선 왕조의 발상지로 풍년을 기원하는 덕진연못의 단오제와 한옥마을을 연계하는 세시풍속은 전통문화의 산실이다. 우리나라 근대역사문화의 보고인 군산은 한국 근대 풍자문학의 대표적 작가로 손꼽히는 소설가 채만식의『탁류』무대다. 호동왕자와 선화공주 설화 깃든 익산은 백제의 왕도이자 세계문화유산의 도시다. 미륵 탑과 왕궁 탑은 세계적인 자랑거리다. 국악소리 은은한 남원은 송흥록과 이화중선이 물먹고 자란 국악의 본향으로 수많은 명창을 배출했다.『춘향전』의 무대인 광한루와 최명희의 소설『혼불』은 남원의 상징이다. 죽창 들고 민중 봉기한 동학의 땅 정읍은 동학농민혁명 운동의 발상지다. 백제유민의 삶이 녹아있는 정읍사와 내장산 단풍은 정읍의 대명사다.

황금벌 일렁이는 한국의 곡창 금만평야를 간직한 김제는 풍요의 땅이다. 백제유민들이 섬겼던 미륵신앙과 민족종교의 텃밭인 모악산과 금산사를 품었다. 생강과 곶감으로 유명한 완주는 옛 전주부의 고산현이 한 몸을 이루면서 아름다운 완산승경을 간직했다. 구천동 골골마다 옥류가 흐르는 청정 무주는 자연생태보고다. 무주구천동 33경과 무주태권도원은 세계적인 명소다.

신비의 마이산 아래 인삼밭 간직한 진안고원은 삼국 시대의 월랑에 물결치듯이 신비로운 경치를 일컬은 월랑팔경이 대표적 풍광이다. 삼절의 고장 장수는 왜장을 끌어안고 남강에 몸을 던진 주논개, 왜적으로부터 향교를 온전히 지켜낸 정경손, 타루비에 얽힌 장수현감 조종면의 노비 충절이 서린 고장이다. 산 첩첩 물 넘실 산세가 아름다운 임실은 그리운 임이 사는 땅이다. 성수산은 고려와 조선창업의 설화의 무대인 동시에 의견의 고장 오수는 주인의 목숨을 구한 오수개의 넋을 기리는 충견의 땅이다.

고추장으로 유명한 옥천골 순창은 장류의 본고장으로 세계적인 장수(長壽)의 땅이다. 순창고추장과 순창자수는 궁중 진상품으로 알려졌으며 우리 전통 지리서인 『산경표』를 편찬한 여암 신경준의 고향이다. 모양성과 고인돌, 갯벌의 고장 고창은 선사 시대부터 내려오는 문화유산을 간직했다. 유네스코 생물권 보전지역으로 판소리문화를 집대성한 신재효와 질마재의 무대인 미당 서정주의 고향이다. 예로부터 소금 굽고 고기 잡고 어염시초(漁鹽柴草)가 풍부해서 인심 좋고 살기 좋은 땅이 부안이다. 변산반도의 아름다운 풍광을 자랑하는 부안은 우리나라 십승지 중의 하나다.

한나라나 민족에 있어 문화가 곧 국력이고 역량이라는 말은 두말할 나위가 없다. 세계화 시대에는 어느 국가나 민족이 지니는 고유의 문화가 그 나라와 민족을 차별화하는 사물의 정도나 성격 따위를 알리기 위한 기준이 되고 나아가 그 정체성을 담보할 수 있게 된다. 비록 타지역에 비해 산업화에 뒤처진 농업 위주의 산업구조와 오랜 낙후 지속으로 어려운 상황이지만 전북이 낳은 문화는 백성을 위한 문화인 동시에 온겨레의 문화이기에 자랑스럽다. 이에 문화유산의 보고인 전북특별자치도의 미래는 밝다.

―《전북일보》 2022. 9. 18. /《리더스에세이》 2022. 10

2.
우리 땅, 전라도 천년의 풍상(風霜)

　전라도 정도(定道) 천년은 우리 민족 천년의 역사를 상징하게 됨은 두말할 나위가 없다. 장구한 세월 속에 조선 시대 전주는 평양, 한양과 당당하게 어깨를 견주었던 삼대 도시였다. 호남평야에서 생산되는 물산이 풍부하고, 멋과 맛과 소리가 어우러진 풍류와 예향의 고장이었다. 동북아 국제교류의 중심지로 중국과 일본을 뛰어넘어 동남아시아를 주름잡기도 했다. 호남평야의 곡창지대를 중심으로 전국에서 사람들이 끊임없이 몰려들었다. 전라도는 우리 근대역사의 주인공으로서 그 위상을 떨쳤다.
　전라(全羅)라는 말은 온(全) 고을에 비단을 깔아 놓은 듯 아름답다는 뜻이다. 이는 산자수려한 산세와 황금벌판의 자연환경을 비유한 것이다. 풍요롭고 훈훈한 인정과 우아한 예(禮)와 학(學)의 고장에서 찬란한 백제문화를 꽃피울 수 있었다. 후백제의 왕도로 재기를 꿈꾸며 조선 오백 년의 왕조를 탄생시킨 발상지로서 한국사의 주맥을 이루면서 찬란한 민족문화의 향취를 발산시켜 왔다. 백제문화의 기상은 익산 왕궁의 웅대한 미륵사지와 도작문화의 시원인 김제 벌의 벽골제에서 조상들의 슬기를 찾고 자긍심을 느껴왔다.

전라도는 우리나라 광역자치단체 중 가장 오래 사용하는 명칭이다. 고려 현종(1018년) 때 전국을 5개 도로 나누면서 강남도와 해양도를 합쳐 전라도를 탄생시켰다. 역사적으로 전주는 백제 시대에는 완산주라고 했고, 신라 경덕왕 때는 완(完)을 의역하여 전주로 고쳤다. 태종 때는 전주부로 개칭하여 조선 시대 동안 유지되었다. 그 뒤 전주면이 전주부로 승격되어 독립하면서 나머지 지역은 완주군으로 편입되었다. 전(全)은 '온전할 전'이고, 완(完)도 '완전할 완', '온전할 온'으로 지명도 같은 의미다. 일찍이 선조들이 아름다운 풍정을 노래한 전주 10경과 완산승경 32경은 오늘날 전주와 완주를 대표하는 자연경관이다.

이토록 유구한 역사만큼 굴곡이 심했던 전라도는 현대사에서는 수도권 집중화와 영남권의 공업화 등에 휘둘려 쇠락의 길을 걷고 있다. 전라감영에 전라감사를 두고 전라도와 제주도까지 관장했던 전북특별자치도는 이제 우리나라뿐만 아니라 전라도에서도 변방으로 밀려나게 되었다. 삼백만을 바라보던 인구도 백팔십만 명으로 뚝 떨어지고 경제력도 전국 대비 2% 수준으로 곤두박질쳤다. 인구 백오십만의 광역시로 성장 가도를 달리는 광주에 견주어 보면, 전라도의 시원(始元)이었던 전주와 나주는 측은지심이 들 정도로 초라하기 짝이 없다.

다행히 전라도 정도 천년에 발맞추어 전라감영이 웅장한 모습으로 복원되었다. 전라도를 관할하였던 전라감영과 전주부성을 수호했던 풍남문을 바라볼 때마다 자긍심이 용솟음친다. 하늘을 찌를 듯이 우뚝 치솟은 건물에 걸린 '호남제일성'과 '풍남문'이라는 현판에서 선조들의 얼이 흠뻑 묻어난다. 예부터 풍남문 종각에서 파루를 쳐서 전주부성 안에 아침과 저녁을 알렸던 종소리는 서울 보신각종처럼 제야에 종소리를 울려 전라도에 새해 새 희망을 안겨주고 새로운 각오를 다짐하게 한다.

이제 전북인들은 전라감영 복원에 안주하지 말고 후백제를 창업한 견훤의 고귀한 뜻을 기리고 백제인의 영혼을 되살리는 후백제 왕궁 복원에 발 벗고 나서야 한다. 후백제 왕궁 복원이야말로 전라도 역사적 위상 정립과 전북인의 자긍심을 살리는 일이다.

전북특별자치도라는 새로운 이름을 얻게 된 것을 계기로 미래의 천년으로 재도약하기 위해서는 선조들의 질곡 같은 삶이 녹아있는 지나온 전라도 천년의 풍상을 온고지신의 마중물로 여겨야 한다.

―《전북일보》오피니언, 2022. 05. 11/《행촌수필》2022. 7

3.
멋. 맛. 풍류의 본향 전주

　전주 팔미(八味)는 전주사람들이 얼마나 맛을 즐겼는지를 담박 알 수 있다. 예컨대 서낭골의 파리시(감), 기린봉의 열무, 오목대의 창포 묵, 소양의 담배, 전주천의 민물고기, 삼례 한내의 게, 완산동 사정골의 콩나물, 중화산동 서원 너머 미나리 등이 전주사람들의 입맛을 돋우는 먹거리의 으뜸이었다.
　전주사람들은 맛만 즐긴 것이 아니라 풍류도 즐겼다. 전주대사습은 조선 정조 때 생겨서 우리나라 판소리의 요람 구실을 해 왔다. 전주대사습을 통해 배출된 명창들이 나라의 인정을 받았다. 순조 때는 전주대사습에서 장원을 하거나 뛰어난 실력을 발휘한 명창들은 통정, 감찰, 오우장, 참봉, 선달과 같은 명예 감투를 쓰기도 했다. 그런데 전주대사습대회가 과거에 비해 훨씬 규모도 크고 화려했지만 예전처럼 시민들과 명창들이 함께 어우러진 흥겨운 축제로서는 인정받지 못했다. 시대의 변화에 따라 단오제와 전주대사습도 점차 시민들에게 매력을 잃고 그들만의 잔치라는 지적을 낳고 있다.

전국의 명소로 소문난 덕진연못(방죽)은 1981년 한해에만 백만 명이 다녀갈 정도였다. 하지만 덕진연못에서 창포물에 머리 감고 그네 뛰었던 단오제는 점점 그 명성을 잃게 되었다. 우리나라 세시풍속의 상징으로 풍년을 기원했던 전주 단오제는 생뚱맞은 풍남제 때문에 변방으로 밀리면서 우리 기억 속에서 점차 잊힌 탓이다. 반면 풍어제의 성격을 띤 강릉 단오제는 전주 단오제가 푸대접받는 틈을 타 전국적으로 유명한 세시풍속으로 자리 잡았다.

전주 특산물의 하나인 부채는 고려 때부터 널리 명성을 얻었다. 임금 진상품과 중국으로 보내는 공물 목록에도 으레 끼는 귀중품으로 그 진가를 날렸다. 《조선왕조실록》에는 해마다 단오절이면 임금이 신하들에게 전주 부채를 하사했다는 기록이 보인다. 그 시절 전라감영에 선자청, 영선청과 같은 특산품 제조청을 두었고, 장인들은 부채를 만들어 감영에 바치고 남은 시간을 활용해서 부채를 만들어 생계를 꾸렸다. 1930년 무렵에는 무려 300명이나 되는 장인들이 합죽선과 태극선을 만들었다. 지금은 선풍기와 에어컨에 밀려 그 쓰임새가 줄어들어 겨우 장식품과 공예품으로 명맥을 유지하고 있는 형편이다.

고려 공양왕 때 지은 풍남문은 정유재란 때 부서진 뒤 한동안 방치됐다가 조선 영조 때 다시 지었다. 풍남문 옆에 자리한 남문시장은 동학농민혁명이 일어나기 전에는 성문 밖에 시장이 섰다. 그 당시 전주의 4대 문밖에 시장이 섰는데, 남문시장은 생활용품과 곡식, 서문시장은 소금과 깨 같은 양념과 어물, 북문시장은 비단과 포목, 동문시장은 한약재와 특수작물 등이 주로 거래되었다. 그 뒤 남문(남부)시장만 남았으나 해방 이후부터는 중앙시장이 새로이 생겼다.

천년고도 전주는 조선왕조의 발상지였다. 전주이씨 시조 이한은 신라 때 사람으로 태조 이성계의 20대 조상이다. 이성계가 조선 창업 후 시조 묘가 있다는 전주의 진산으로 알려진 건지산을 열심히 찾았다고 한다. 그 뒤 영조가 태조 이성계의 초상화를 모시기 위해 경기전에 이한의 위패를 모셨다. 1899년에 이한의 묘를 알리는 비석을 한 나무꾼이 발견함에 따라 전주이씨 시조 묘가 천년 만에 빛을 보게 되었다. 그 묫자리에 봉문과 단을 쌓고 비각을 세운 뒤 조경단이라 명명했다.

조선왕조 마지막 옹주인 이문용이 말년에 몸을 의탁했던 곳은 태조 이성계의 영정을 봉안한 경기전이었다. 그녀는 고종과 상궁 염 씨와의 사이에서 옹주로 태어나 1987년 한 많은 생을 마감했다.

전주한옥마을은 팔백 채가 넘는 한옥들의 까만 기와지붕이 고풍스런 아름다운 장관을 이뤄 전주의 고전 도시다움을 한눈에 고스란히 느끼게 해주고 있다. 반면 한옥보존지구에 묶여 주민들이 마음대로 집을 못 고치게 되자 본토박이들은 서둘러 한옥을 팔고 다른 곳으로 떠나갔다.

그런데 최근 한옥마을은 상전벽해가 되었다. 한해 국내외

관광객이 천만 명을 훨씬 넘어섰는가 하면 천덕꾸러기 땅이 금싸라기로 둔갑했다. 반면 돈벌이에 급급한 외지 상인들이 몰려들어 상업화의 가속으로 인해 한옥마을의 전통성과 우리 조상들의 얼이 서린 전통문화가 설 땅을 잃고 있다.

그런가 하면 잊힌 역사의 길목에 서 있었던 후백제의 역사가 다시 숨 쉬고 있어 무척 고무적이다. 전주의 역사적 뿌리를 조선의 본향만이 아닌 후백제의 왕도로 확장해 인식하고 전북의 정체성을 백제의 주변이 아닌 후백제의 중심지로 확립해야 한다는 목소리가 커지고 있다. 견훤은 일국의 군왕으로서 후백제의 국호와 정개(政開)라는 독자적 연호를 36년간 사용하고 건국 군주에 걸맞은 건국이념과 통치체제를 수립했다.

후백제 도성은 규모와 내용 면에서도 가장 뛰어난 공간을 구성했을 것으로 추정된다. 하지만 왕건은 숙적이었던 후백제를 멸망시킨 뒤 전주에 안남도호부를 두어 후백제의 역사·문화를 철저하게 망가트렸다. 게다가 전주의 도시화가 급속히 진행되면서 후백제 도성이 흔적도 없이 사라지고 말았다.

그 뒤로 후백제 도성에 대한 논의가 이어졌으나 결정적인 자료가 제시되지 못했다. 더욱이 역사학자에 따라 도성의 범위와 궁성의 위치, 역사성 등에 대한 논란만 지속돼 논의가 진척되지 못하는 양상을 보여왔다.

다행히 전주박물관이 전주시 노송동 일대에서 후백제 도성 성벽의 흔적을 발견해 후백제 왕궁 연구에 전환점이 마련되었다. 게다가 최근 아파트 신축공사를 시행 중이던 인후동 종광대 터에서 후백제의 도성이 발견됨에 따라 후백제의 역사·문화 복원에 박차를 가하게 됐다. 정부의 후백제 유적 종합연구와 후백제 연구 성과 공유 등을 통해 후백제 왕도 전주의 위상을 다지겠다는 계획도 희망적이다.

 차제에 한옥마을과 덕진연못의 전통성 회복과 단오제 등 세시풍속의 보전에도 힘을 기울여야 한다. 그리고 후백제의 왕도와 조선의 발상지로 멋, 맛, 풍류를 즐겼던 전주사람들의 옛 명성을 되찾기를 소망한다.

—《전북수필》101호, 2025. 5

4.
조선의 십승지 무주 산하

신비의 땅 무주 산하는 정감록이 예언한 조선 십승지의 하나였다. 명성황후의 피난 궁으로 세워졌던 명례궁 터가 있으며, 곡식의 종자를 구하는 삼풍(풍기, 연풍, 무풍) 의 한곳으로 농사가 잘되는 곳으로 그 명성이 자자하다. 무주에는 불꽃처럼 살다 간 조선의 화가 최북과 순수비평문학의 선구자인 눌인 김환태가 태어난 곳이다. 그리고 황인성 국무총리를 비롯한 장군, 정치인, 학자 등 걸출한 인재들이 배출된 축복받은 땅이다.

최근 산자수려한 무주는 반딧불이가 살아 숨 쉬고 세계태권도 성지로 부상하고 있다. 삼십 삼경을 자랑하는 구천동 계곡을 비롯한 주민들에게 큰 덕을 베푸는 덕유산과 무주리조트에는 탐방객들로 넘쳐난다.

풍수지리상 배산임수의 조건을 갖춘 무주의 진산은 조상의 제사 모시는 향로를 닮은 향로봉이다. 지형적으로 볼 때 무주의 북쪽은 향로봉, 남쪽은 금강 상류인 남대천이 흐르고 적상산이 안산(案山) 역할을 하고 있다. 적상산은 호국 도량 안국사와 적상산성의 사각(史閣)은 조선왕조실록을 보관하였고 선원각은 왕실의 족보를 보관했던 유서 깊은 곳이다. 지금은 양수발전소를 만들면서 무주호가 축조되었다.

조선 시대 무주는 금산에 속했던 부남을 제외한 모든 지역이 무주부의 관할 구역이었다. 무주는 무풍현과 주계현을 합해서 만들어진 이름으로 현재의 무풍면은 무풍현에서 얻은 이름이다. 옛 지도를 보면 풍동면, 풍서면, 풍남면이 무풍현에 속했으며 조선 시대의 무주는 주계현 중심부로 현재의 군청과 무주초등학교 주변 지역이었다.

무주향교는 조선 태조 때 현유(賢儒)의 위패를 봉안, 배향하고 지방민의 교육과 교화를 위한 큰 뜻을 품고 창건되었다. 처음은 무주현의 동쪽에 건립하였다가 그 뒤 북쪽으로 옮겼으나 호랑이의 침해가 심하여 숙종 때 부사 김몽상이 향로봉 서쪽으로 다시 옮겼다. 하지만 지대가 습기가 많아서 순조 때 지금의 자리로 이전하였다.

《신증동국여지승람》에는 '무주향교는 호랑이의 피해를 입어 향로봉 서쪽으로 이전했으나 습기가 많아서 현재의 무주 읍내로 옮겼으며 노산은 무주의 진산이다. 일명 상무산과 노산으로 불리는 향로봉은 읍내 뒤의 산으로 제사를 지낸다.'고 기록되었다.

무주를 수호하는 향로봉의 산세는 백두대간에서 갈려 나온

덕유지맥 칠봉산과 명산으로 이어진다. 용담댐에서 흘러온 금강 물줄기는 대차리 서면마을에서 남대천과 적상천이 합류시킨 뒤 앞섬을 호리병처럼 휘감아 돌아서 명산 앞에 닿으며, 북쪽은 칠봉산, 남쪽은 향로봉이 위치해 있다. 명산(明山)은 해와 달이 이곳에서 떠올라서 밝아진다 하여 붙여진 이름이다.

한풍루(寒風樓)는 전라관찰사를 역임한 성임(成任)이 다녀간 뒤 남긴 시가 있다. 전주의 한벽당(寒碧堂), 남원의 광한루(廣寒樓)와 더불어 호남의 삼한(三寒)으로 꼽히는 명승이다. 산자수려하고 문화유적의 보고인 무주의 산하를 누빌 때마다 조선의 십승지로 예언한 정감록과 선조들의 혜안에 탄복할 따름이다.

―《눌인문학》 2021. 7 /《수필과 비평(전북)》 2021. 7

5.
고인돌과 갯벌의 보고 고창 산하

　유네스코 생물권보전지역으로 지정된 고창은 고인돌과 갯벌의 보고다. 선운산과 문수산 등 울창한 단풍나무와 동백 숲이 우거진 휴양지도 볼거리다. 해안선을 끼고 펼쳐진 천혜의 보고인 심원 하전과 심원 만돌의 갯벌체험, 상하 장호어촌체험 등이 관광산업의 효자노릇을 하고 있다. 원기회복에 최고인 풍천장어와 복분자가 어우러진 넉넉한 먹을거리도 고창의 자랑이다.
　고창에는 세계문화유산에 등재된 고인돌유적지와 천년고찰 선운사, 람사르습지로 등록된 고창갯벌과 운곡습지도 고창의 랜드마크다. 야간경관 조명이 아름다운 고창읍성, 신재효 생가와 판소리박물관, 미당 서정주문학관 등도 문화유산의 산실이다. 미당 서정주는 토속적, 불교적, 내용을 주제로 한 시를 많이 쓴 한국의 이생명파 시인으로 탁월한 시적 자질과 왕성한 창작 활동으로 해방 전후에 걸쳐 한국 문학계에서 큰 영향력을 행사하였다.

역사적으로 고창은 백제 때는 몽여부리현, 또는 모양현, 통일신라 때는 고창현으로 불렸다. 조선 시대는 고창군이었으며 무장현과 흥덕현을 통합한 뒤, 고창면이 고창읍으로 승격되어 오늘에 이르고 있다.

고창은 비옥한 농경지에서 쌀과 수박, 고구마 등이 생산되었다. 상하면, 심원, 부안, 흥덕면 같이 서해와 맞닿은 지역에서는 해안선을 따라 굴, 조개 등을 양식해서 생계를 유지했다. 서해안 간척지의 염전 여섯 곳에서는 해마다 많은 양의 소금이 생산되었다. 심원에 있는 삼양염업사는 우리나라에서 가장 큰 천일염을 생산하는 염전이었다. 일본인 회사인 해원농산(주)에서 간척공사를 하다가 망한 뒤 버려두었던 것을 삼양그룹을 키운 김연수가 730정보의 간척지를 완성하였다.

일제강점기에는 일본인들이 경기도와 북쪽 지방에만 염전허가를 내주었던 탓에 염전이 적은 남한에서는 소금이 부족해서 쌀 한 가마 값과 맞바꾸어 먹을 정도로 귀했던 시절이었다. 그 폐해를 알게 된 미군정청에서 독점했던 염전 경영권을 민간인에게도 개방하게 되었다. 이에 김연수가 염전허가를 받아 간척지에 염전을 만들고 천일염을 만들기 시작했다.

특산물로는 고수자기와 인초돗자리가 유명했다. 고수면 사동에서 고려말에 이르기까지 대량평 부곡에서 사기그릇을 구워 나라에 진상하였다. 일본에서는 고수자기를 고수요라 불렀으며 유명한 골동품으로 쳤다. 주로 서민용이었던 고수자기

생산은 조선 시대를 거쳐 일제강점기까지 번창하다가 역사의 뒤안길로 사라지고 말았다.

신림의 인초돗자리는 골풀이라 불리는 여러해살이풀인 인초의 줄기를 말려서 삼화물산에서 한해 팔만 장쯤 만들었으나 비닐 돗자리에 밀려 생산량이 줄어들었다.

고창을 자랑할 때는 으레 들먹이는 관광명소는 모양성과 선운사였다. 조선 시대 학자이자 풍수지리가로 알려진 이서구가 〈호남가〉에서 '고창성에 높이 앉아 나주풍경 바라보니'라는 구절이 등장한다. 바로 그 고창성은 고창읍 장대봉이 자리한 고창읍성인 모양성이다. 조선 때 전남 영광 법성진과 고창읍성, 정읍 입암산성을 잇는 방어선을 만들어서 호남평야를 왜구의 노략질로부터 지켜온 구국의 읍성이었다. 그 성이 고창읍을 감싸는 산성처럼 축조되었는데 세 개의 성문에 저마다 옹성이 딸려 요새화되어 있다. 성 밖에 해자처럼 못을 판 것이 특징이다. 그 성은 전쟁 때는 방어요새로 쓰였고 평상시는 군사훈련장으로 사용되었다. 읍성 축조는 무장현이 생긴 조선 태종 때로 짐작된다. 1486년 발간된《동국여지승람》에 고창읍성 기록이 보이는 연유다.

최근 그 읍성의 성벽과 성문 세 개가 복원되었으며, 성안에는 역대 현감들의 공적비와 척화비, 신재효의 추모비를 비롯해 1968년 모진 가뭄을 이겨냈던 일을 기념하는 번영의 탑 등이 있다. 머리에 돌을 이고 성벽 위를 세 바퀴 돌면 병이 없어지고 장수하며 극락에 간다는 전설이 특이하다.

호남의 내금강으로 불리는 선운산은 숲이 울창하고 기암괴석이 많으며 진흥굴, 용문굴, 낙조대, 천마봉 등이 절경을 이룬다. 천년고찰 선운사는 백제 위덕왕 때 신라 진흥왕의 시주로 신라 의운국사와 백제 검단선사가 세웠다고 한다. 하지만 선운사는 나당연합군의 의해 멸망한 백제유민들의 한이 서려 있는 땅이기에 신라 역사는 백제의 역사로 되돌려져야 한다.

선운사 뒤에는 오백 년 된 동백나무 삼천 그루가 울창한 숲을 이루고 있다. 그 동백나무 숲을 소재로 미당 서정주가 지은 시비가 절 입구에 서 있다.

> 선운사 고랑으로
> 선운사 동백꽃 보러 갔더니
> 동백꽃은 아직 일러 피지 않았고
> 막걸릿집 여자의 육자배기 가락에
> 작년 것만 시방도 남았습니다.
> 그것도 목이 쉬어 남았습니다.

선운사 도솔암에는 고려 시대에 조각한 것으로 보이는 마애불상이 눈길을 잡는다. 지상 3.3m 위에 책상다리를 하고 있으며, 우리나라에서 가장 큰 불상으로 추정된다. 마애불상에 넣어 둔 검단선사가 쓴 비결록을 전라도 관찰사 이서구가 꺼내려다 풍우와 뇌성이 일어 그대로 닫았다고 한다. 이 비결록은 19세기 말 동학혁명의 접주 손화중이 가져갔다는 설이 있다.

선운산가는 《고려사악지》 백제 편에 등장하는 선운산과 관련된 백제 유민이 부르던 노래인데 노래 가사가 전하지 않아 안타깝다. 백제 때 장사현(현 해리)에 살던 남편이 나라의 부름을 받고 전쟁에 나갔으나 싸움이 끝나도 돌아오지 않자 그의 아내가 선운산에 올라가 남편을 그리며 부른 서글픈 노래다.

신재효의 생가는 모양성 길가에 위치해 있다. 고창에서 태어난 그는 판소리 여섯 마당 춘향가, 심청가, 수궁가, 홍보가, 적벽가, 변강쇠가의 가사를 정리하고 판소리들을 정립하는 남다른 열정을 보였다. 본디 판소리에는 장끼타령, 변강쇠타령, 무숙이타령, 배비장타령, 박타령, 수궁가, 춘향전, 적벽가, 심청가, 강릉매화전, 숙영낭자전, 옹고집타령 등 열두 마당이 있었다. 그중에서 음악성이 약한 것은 제외하고 신재효가 살아 있을 무렵에는 여섯 마당만 전했다. 그 뒤 변강쇠가는 너무 음탕하다고 해서 광대들이 부르기를 꺼려 가락이 잊히고 다섯 마당만 남아있다.

신재효는 재산이 넉넉한 집안 출신으로 풍류를 즐기는 성품을 타고나서 판소리와 함께 민속을 연구하고 체계화시키는 데 크게 이바지했다. 집안에 소리청을 만들어 놓고 많은 명창들과 사귀고 제자를 길러내기도 했다. 제자인 진채선의 추천으로 대원군에게 오위장 벼슬을 받기도 했다.

신재효는 판소리 다섯 마당 외에도 도리화가 등 여러 작품을 남겼다. 잘 다듬어진 말과 풍부한 표현력으로 분명하고 완연하게 사설을 정리한 한국 셰익스피어로 평가받기도 했다. 반면 지나치게 한문 투의 말로 사설이 짜여 판소리의 민중적이고 토속적인 맛을 줄였다는 평도 있다.

최근 고창은 '농생명 문화 살려 다시 치솟는 한반도 첫 수도 고창 만들기'에 구슬땀을 흘리고 있어 주목받고 있다. 이에 필자도 세계문화유산의 도시 고창 만들기에 동참하고자 고창문화관광재단의 지원을 받아 고창지역을 발품 팔아 쓴 『고창의 산하』를 발간하였다. 부디 유네스코 생물권보전지역으로 지정된 고창이 '한반도 첫 수도 고창 만들기'와 더불어 고인돌과 갯벌의 보고로 거듭나기를 소망한다.

─《고창의 산하》 2023. 4

6.
낭주골 부안, 어염시초가 풍부한 땅

　예로부터 부안은 어염시초(魚鹽柴草)가 풍부해서 인심이 좋은 땅으로 알려졌다. 풍수지리가들이 좋은 피난처로 정해 놓은 우리나라 십승지 중의 하나였다. 《택리지》에서는 변산의 바깥은 소금 굽고 고기잡이에 알맞고 산중에는 기름진 밭이 많아 농사짓기에 알맞은 곳이다. 또 산에서 나무하고 바다에서 고기잡이와 소금 굽는 일을 하며 땔감과 조개가 넉넉하다고 극찬했다.

　낭주골 부안은 한국문학가이자 청정하고 애수가 담긴 목가 시인으로 알려진 신석정의 고향이기에 그 의미가 새롭다. 전원시와 참여시를 넘나들며 폭 넓은 시의 세계를 보여준 신석정의 생애가 아름답다. 문학정신을 전승. 보존하기 위하여 청구원 고택 옆에 석정문학관이 세워지면서 문학인들이 문전성시를 이루고 있다.

　부안에서 이 매창을 빼놓을 수 없다. 삼십팔 세에 요절한 기생으로 노래와 시에 능했던 연유다. 생전에 재능이 남달랐던

이 매창은 허균, 유희경, 이귀와 같은 이름난 시인이나 정객과 어깨를 견줄 정도였다. 그는 부안에서 남쪽 봉두산 언덕에 고이 잠들었다. 공동묘지로 변한 그곳을 매창 뜸으로 부르고 있으며 문향이 짙게 묻어난다.

자연경관이 천하절경인 변산반도의 외변산은 해안지대다. 반면 내변산은 산악지대로 이루어진 관광명소다. 월명암과 봉래구곡, 직소폭포, 선계폭포 등은 절경을 이루는 내변산과 어우러져 탐방객이 사시사철 붐빈다. 예로부터 내변산 주민들은 약초와 버섯을 재배하고 토종벌을 길러 생업을 이어갔다. 내변산의 목재는 곧고 단단해서 고려 때부터 궁궐의 재목과 목선의 재료로 쓰일 정도로 이름을 날렸다. 원나라가 일본 원정을 할 때도 그곳의 나무로 전함을 만들기도 했다.

외변산에는 변산해수욕장이 있어 여름철만 되면 전국에서 몰려든 피서객들로 인산인해를 이뤘다. 하지만 국립공원으로 지정되면서부터 각종 시설물과 건축물을 보수하거나 개축할 수 없어서 시설이 낙후되자 피서객들이 점점 등을 돌리고 말았다. 다행히 요즘 변산해수욕장과 주변이 재개발돼서 옛 모습을 되찾게 되었다.

변산 주변에는 청자, 분청, 백자 같은 자기류를 굽던 터가 곳곳에 남아 있다. 보안면 유천리의 고려청자와 가마터와 유동리 분청자기의 가마터가 대표적이다. 고려청자가 조선백자로 옮아가는 시기의 자기로 알려졌으며 청자나 백자가 부유층의 생활용품이었다면 서민의 생활용품은 옹기가 주류를 이뤘다.

변산 깊은 산골 신선동에는 조선 시대 관습을 따라 혼인한 남자는 상투를 틀고 처녀·총각은 머리를 길게 땋아 늘어트리고 대자연에 묻혀 살고 있다. 그들은 유불선동서학합일갱정유도를 내세우며 세상 모든 종교가 유교로 뭉칠 것을 믿고 사는 일심교 신도들이다.

서해안은 밀물과 썰물의 차이가 심한 곳이다. 남쪽 고창 사이에 있는 줄포만은 그 차가 심해서 물이 빠지면 넓은 개펄이 드러났다. 몇십 년 전부터 곳곳에 둑을 쌓아 조그마한 간척지를 만들었다. 동진면의 하장, 동진, 신월리와 허서면, 보안면, 산내면, 줄포면의 곳곳에 일구어진 논이 모두 간척지다. 그 규모가 작아서 큰 변화를 주지 못했지만 계화도 간척지 조성은 큰 변화를 주었다. 섬진강다목적댐 건설로 수몰된 임실 운암 사람들에게 땅을 나눠주고 농사를 짓게 했다. 하지만 소금기가 빠지지 않아 십오 년이 지난 뒤에서야 겨우 쌀이 생산되었다. 임실 운암면의 섬진강 수몰민들의 애환과 한숨이 서린 계화도 간척지 쌀은 다행히 맛이 좋아 전국으로 팔려나갔다.

그런가 하면 부안은 백제 부흥운동의 땅이라 할 수 있다. 나라 잃은 백제 유민들이 신라와 당나라에 대항하여 의병활동을 했던 변산 상서면 우금산성이 있는 우금암과 주류성이 바로 그곳이다. 백제멸망은 의자왕이 나당연합군에게 항복한 시기였다. 하지만 백제부흥운동이 일면서 삼 년 동안 전쟁이 지루하게 이어졌다. 한때 부흥군은 본거지인 주류성을 공격하는 나당연합군을 물리치기도 했다.

　백강전투는 대륙과 반도, 열도의 지정학이 펼쳐낸 숙명적 전쟁이었다. 그 백강전투가 한·일 간 원한의 시초라는 주장도 관심을 끈다. 우금산성 아래 개암사에서 임진왜란 직후에 쓰였다는 가슴 시린 사적기가 발견되기도 했다.

　부안의 어항은 줄포, 곰소, 격포, 파장금이었다. 줄포는 1885년 무렵부터 오십 년 동안 전북에서 군산항 다음으로 큰 항구로서 부안, 고창, 정읍의 상권과 생활권의 중심지 역할을 해왔다. 일본이 호남지방의 물산을 실어 나르는 수탈의 거점으로 삼기 위해 경찰서, 도정공장, 통운창고, 식산은행, 농산물검사소, 어업조합 등을 설치했다. 하루에도 수백 척의 배가 드나들고 일본과 중국의 무역선도 오갈 정도로 번성했다. 하지만 토사가 밀려 수심이 점차 얕아지면서 그 기능을 잃은 줄포항은 역사의 뒤안길로 사라지고 말았다. 이웃 곰소항이 개발되고 주요 기능이 부안읍으로 옮기면서 항구로서의 수명이 다하게 되었다.

　천년고찰 내소사는 혜구가 창건하여 소래사(蘇來寺)라고 하였다. 내소사로 명칭이 바뀐 것은 중국 소정방이 석포리에 상륙한 뒤, 이 절을 찾아와서 시주하였기 때문에 고쳐 불렀다고 전해오는데 사료적인 근거는 없는 실정이다. 중요문화재는 보

물로 지정된 대웅보전을 비롯하여 고려 동종, 법화경절본사경, 괘불 등을 소장하고 있다

부안과 위도 주민들은 고기잡이와 해산물을 양식하며 생계를 유지했는데 날이 갈수록 바다에서 얻는 수입이 줄어들었다. 설상가상으로 위도 방폐장 건설 문제로 지역주민들 간에 심한 갈등을 겪어야만 했다. 정부가 중저준위 방폐장 건설을 부안군 위도에 추진하면서 부안군민들이 찬반으로 나뉘어 싸움이 벌어져 민심이 극도로 흉흉해졌다. 결국 주민들의 반대에 부딪혀서 부안 위도와 군산에 세우려던 중저준위 방폐장 건설계획은 수포로 돌아가고 경북 경주에 방폐장이 들어서 되었다. 하지만 허술한 지질조사와 강도 높은 지진 발생으로 경주 방폐장 안전성에 대한 의문과 불안감은 사그라지지 않았다.

예전에 우리나라 4대 어장이자 칠산바다의 중심지였던 위도는 전북이 금산군을 충남에게 빼앗기고 전남 영광군에서 부안군으로 편입되었던 섬이다. 과거 위도에서 잡히는 조기는 대부분 영광으로 보내져 영광굴비로 유명세를 떨쳤다. 봄철에 흑산도를 거쳐 북쪽으로 올라가는 조기 떼들이 위도를 지날 무렵 알을 품기 때문에 굴비 맛이 좋았던 연유다. 그 시절 위도는 황금어장으로 오랫동안 지위를 굳혀왔으나 지금은 어획고가 줄어서 쓸쓸한 낙도로 전락하고 말았다.

위도 대가리에는 띠뱃굿이 정월 초사흘부터 보름까지 벌어

졌다. 풍어를 기원하고 마을의 액운과 질병을 막기 위함이다. 마을 뒷산 원당에서 원당제를 지내고 짚으로 만든 띠배를 바다에 띄워 보내는 것으로 대단원의 막을 내린다. 띠배에 꼭두각시와 밥, 소원을 담은 종이와 오색기를 꽂아서 바다 한가운데로 끌고 간 뒤 묶었던 줄을 풀어 바닷속으로 가라앉힌다. 일종의 용왕에게 바치는 공물인 셈이다.

부안의 문화유산으로는 법화경 사본 첩과 고려 구리종을 보관하고 있는 백제 무왕 때 지은 내소사와 보물인 대웅전을 소장하고 있는 개암사를 꼽을 수 있다. 내소사는 고려 인종 때 김부식에게 죽임을 당한 정지상이 지은 최자의 《보한집》에 보일 만큼 유서가 깊은 절집이다.

개암사는 본디 주류성 안에 있었던 묘련사가 백제부흥운동 뒤에 허물어져 없어진 것을 원감국사가 지금의 자리에 짓고 새 이름을 붙인 것이다. 절 뒤에 있는 우금산에서 부흥군의 복신이 풍장왕에게 피살되기도 했다. 실상사는 한국전쟁 때 불타 없어졌고 삼국통일 뒤 원효대사가 지었다는 원효방도 자취를 감췄다. 금산사를 중창한 진표율사가 망신참법(亡身懺法)으로 득도했던 의사봉 자락의 바위 벼랑에 지은 부사의 방도 기왓장만 나뒹굴고 있다.

2016년은 부안군이 조선 태종 때 보안현과 부령현을 합해 부안현으로 이름을 정명(定名)한지 육백 년을 맞는 해였다. 부안군은 이에 발맞춰서 군민들의 자긍심을 높이고 새로운 미래 천년의 비전제시를 위해 다양한 기념행사를 가졌다.

  여기에 부안에 오면 오복을 가득 받을 수 있다는 '부래만복(扶來滿福)'이라는 슬로건을 내걸고 부안의 부흥을 위해 팔을 걷고 나섰다. 어염시초가 풍부하고 십승지의 하나로 명성이 자자했던 부안의 옛 시절이 그립다.

— 《석정문학》 2019. 6

7.
옥천골 순창을 탐하다

　순창 하면 고추장, 고추장 하면 순창이 대명사처럼 떠오른다. 짜거나 매운 맛이 전혀 없고 달콤하면서도 알싸한 순창고추장의 맛을 잊을 수가 없는 이유다. 순창 처녀가 다른 곳으로 시집가서 제아무리 똑같은 방법으로 고추장을 담가도 순창에서 담갔던 고추장 맛을 낼 수 없다고 한다. 물이 다르기 때문이라는 생각에 순창 물을 가져다가 전주나 다른 고장에서 고추장을 담가봤어도 제맛이 나지 않았다. 어떤 이는 순창은 콩이나 고추의 품질, 물맛, 기후가 어우러진 덕분이라고 했다. 아무튼 고추장은 순창에서 담가야 제맛이 날 수밖에 없다는 이야기다. 고추장을 담그는 시기와 기후에 그 비결이 숨겨져 있기 때문이다. 이에 순창에서는 다른 지방보다 조금 빠른 음력 칠월에 메주를 쑤고 있다.
　순창고추장이 궁중 진상품이 되는 데는 이성계와 관련된 이야기가 전해온다. 조선을 창업하기를 염원하던 이성계가 회문산 만일사에서 백일기도 중인 스승 무학대사를 찾아가다가 순창의 어느 농가에서 고추장에 비빈 밥을 맛있게 얻어먹었다고 한다. 임금으로 등극한 뒤에도 그 고추장 맛을 잊지 못해 순창 현감에게 진상하도록 명한 뒤부터 유명해지게 되었다.

순창자수도 조선 시대 궁중 진상품으로 둘째가라면 서운해 한다. 순창 현감이 임금을 알현할 때 순창 자수로 지은 관복을 입었는데 임금이 그 관복에 매료되어 궁중에 진상토록 명했다. 예전에는 뜸 수가 가늘고 수 모양이 섬세한 제품이 인기가 많았다.

섬진강 상류인 적성강에서 잡히는 은어도 궁중 진상품 반열에 당당하게 이름을 올렸다. 물 맑고 깨끗한 옥천골에서 자란 은어의 맛이 좋아 임금의 밥상에 오른 뒤부터 은어를 잡아서 맛보려는 강태공들이 줄을 이었다고 한다.

조선 시대 궁중 진상품으로 그 진가를 발휘했던 고추장, 자수, 은어와 함께 강천산에서 나는 특산품으로 토종꿀이 손꼽혔다. 토종꿀은 팔덕면의 강천산을 중심으로 구림, 쌍치면에서도 나왔다 통일신라 때 강천사를 세우고 강천산의 자연을 밀원으로 해서 절 주위에서 벌을 기를 때부터였다. 순창 꿀은 서울 신세계백화점에 판매대가 있을 정도로 품질이 좋았다.

순창의 명소는 누가 뭐래도 강천산이다. 본디 광덕산(光德山)으로 불렸으나, 어느 때부터인지 모르지만 강천사라는 유명한 사찰 때문에 이름이 바뀌게 되었다. 예로부터 호남의 소금강으로 알려진 강천산은 우리나라에서 최초로 군립공원으로 지정되었다. 강천사 입구인 도선교에서 이십 리나 이어지는 계곡은 천인단애를 이루고, 병풍바위 아래로 벽계수가 흐르고 맑은 물이 고여 있는 용소는 명경지수 그대로 선경을 이룬다. 강천산의 깎아지른 계곡에 만든 호남 제일의 구름다리도 명소다. 병풍바위에서 장군폭포까지 폭포와 황톳길을 비롯한 야간 산행코스도 만들어서 탐방객들이 문전성시를 이루고 있다.

순창의 대표적 사찰로 알려진 강천사는 신라 진성여왕 때 풍수지리로 이름을 떨친 도선국사가 창건한 유서 깊은 절집이다. 예전에는 불전과 승방이 많았던 사찰이었다. 지금은 없어졌지만 왕주암은 후백제 왕도를 전주에 세운 견훤 왕이 한때 머물렀기 때문에 얻은 이름이다.

삼인대는 조선 중종 때 순창군수 김정과 담양부사 박상, 무안현감 유옥 세 사람이 이곳에 모여 죽음을 각오하고 중종의 폐비 신 씨의 복위를 상소하는 글을 썼던 곳이다. 그때 허리에 차고 온 인장을 나무에 걸었다 해서 그들의 충정을 기리기 위해 사당을 지어 삼인대라 부르며 제사를 지냈다.

강천산 길목 팔덕면 산동리와 창덕리에 세워진 남근석도 세시풍속의 의미를 더해 준다. 그 마을 부녀자들이 음기가 돌자 어느 여장부가 남근 두 개를 새겨 치마에 싸 가지고 오다가 무거워 하나는 창덕리에 놓고 하나만 신동리에 세웠다고 한다. 남정네들이 창피스럽다고 남근석을 넘어트렸더니, 샘이 말라버리는 괴변이 생기자 부랴부랴 일으켜 세울 수밖에 없었다고 한다. 아이를 못 낳는 여자가 밤에 그 남근석을 끌어안고 공을 들이면 아이를 낳을 수 있다는 웃지 못할 이야기도 있다.

옥천사지 삼층석탑은 순창여자중학교 교내에 있다. 지금은 폐사된 옥천사 경내에 있었던 탑신의 장주와 면석이 뚜렷하고 단층의 옥개와 전각과 옥석 받침이 분리되어 있다. 조선 중종 때 조광조 일파를 무참하게 참살한 유자광의 잔학성을 보다 못한 딸이 미혼으로 수절하면서 기도하였던 곳이다.

순창읍 남산대에 있는 귀래정은 조선 세조 때 신숙주의 동생인 신말주가 형의 변절에 실망하여 은둔했던 곳이다. 변절자로 낙인찍힌 신숙주는 집현전 학사로서 세종대왕의 총애를 받았으나, 단종의 왕위를 찬탈한 세조(수양대군) 편에 붙었다. 이로 인해 후세에 숙주나물 등으로 인신공격의 대상이 되었다.

반면 동생인 신말주는 벼슬을 버리고 낙향하여 귀래정을 짓고 열 명의 노인들과 십노계를 결성하여 시를 짓고 자연을 벗 삼았다. 그 부인 순창설씨가 강천사 복원을 위해 지은 권선문첩은 오늘날까지 보물로 남아 있다. 신말주의 후손인 여암 신경준은 조선 영조의 명을 받아 우리 전통 지리서인 『산경표』를 편찬한 지리학의 선구자였다. 『산경표』는 오늘날 일제가 왜곡한 우리나라 전통 지리를 바로잡는 데 지침서가 되고 있다. 신말주 세 거지는 순창뿐 아니라 우리나라의 자랑이 아닐 수 없다.

최근 전통의 맛과 멋이 살아 숨 쉬는 옥천골 순창은 장류와 장수의 고장으로 그 진가를 발휘하고 있다. 여기에 호남의 금강산으로 알려진 강천산과 우리나라에서 가장 긴 현수교가 놓인 채계산(책여산)은 우리나라의 대표적인 관광과 힐링 탐방코스로 각광받고 있다.

내가 바로 전통의 맛과 멋이 살아 있고 우리나라 지리학의 선구자인 여암 신경준을 낳은 옥천골 순창을 탐하는 이유다.

— 《한국미래문학》 2019. 8 / 《전북펜문학》 2019. 10

8.
춘향골 남원에 취하다

　예로부터 남원 하면 춘향전, 춘향전 하면 남원의 대명사로 여길 정도로 남원과 춘향전은 불가분의 관계였다. 『춘향전』은 한글로 지어져 온 국민에게 알려졌고 판소리 창극으로 이름을 드높였던 연유다. 더욱이 남원은 우리나라 척추 역할을 하는 백두대간과 민족의 영산 지리산을 품은 축복받은 고장이다. 여기에 남원은 진산인 백공산과 태조산인 만행산 천황봉이 위치해 있고 호남의 젖줄인 섬진강 지류 요천이 관류하는 비옥하고 산자수려한 땅이다.

　역사적으로 남원은 조선 시대에 열한 개의 현과 군을 거느렸던 영호남의 역사. 문화. 교역의 중심지였다. 백제와 일본이 문물을 서로 주고받을 때 일본은 금강과 섬진강의 뱃길을 따라 공주나 부여로 왔다. 그 당시 남원의 옛 지명인 교룡군은 섬진강 상류여서 남쪽 지방의 교역중심지 역할을 해왔던 셈이다.

　남원의 옛 이름인 용성(龍城)은 본디 백제의 고룡군(古龍郡)

에서 시작되어 대방군(帶方郡)과 남대방군이 되었다. 신라가 삼국을 통일한 뒤 중요한 지역으로 여겨 신라의 다섯 소경으로 꼽았다. 북원경은 강원도 원주, 서원경은 충북 청주, 중원경은 충북 충주, 금관경은 경남 김해, 남원경은 지금의 남원이었다.

고려 시대에는 남원부, 조선 시대에는 남원도통부로 무주, 진안, 장수, 임실, 순창, 남원, 구례, 곡성, 담양, 옥과, 창평현 등을 관할할 정도로 방대했다. 조선 영조 때는 고향이 남원이었던 찬규라는 사람이 영남지방에서 반란을 일으키자 그 지위가 떨어져 일신현으로 불린 적도 있었다. 한때 남원군에서 남원시가 승격되어 떨어져 나갔다가 또다시 남원시가 되기도 했다.

지리적으로 남원은 경남 함양, 전북 순창, 임실, 장수와 맞닿아 있어 영호남의 문화, 경제, 교통의 중심지 구실을 해왔다. 주변 산지의 생산물과 평야지의 농산물은 으레 남원장에 모였다. 전국뿐만 아니라 광주, 부산, 대구가 닿는 길이 남원에서 이어지는 사통팔달로 교통의 요충지였기 때문이다.

그런가 하면 남원은 풍수지리상 지세가 떠내려가는 행주형(行舟形)이라서 재물이 모이지 않고 인재가 나지 않는 취약점이 있었다. 선조들은 남원의 정기가 요천을 통해 섬진강으로 빠져나가는 것을 막기 위하여 조산동(造山洞)에 인공으로 토성을 쌓고 배를 매어두는 조산(造山)을 만들었다.

그리고 남원의 진산 백공산 아래에 비보(裨補)사찰인 선원사를 신라 헌강왕 때 도선국사가 창건했다. 선원사에서 종소리가 우렁차게 울려야 남원에 재앙이 사라지고 크게 번성한다고 믿었기 때문이다. 선원사를 비보사찰로 세워 백공산의 허약한 지세를 북돋우게 하는 한편 무쇠로 황소를 만들어 향교동 축천에 세워 남원의 허약한 지세를 보완하였다. 지금의 동림교 주변의 요천 변에는 동림(東林)이라는 비보 숲을 조성하였다. 남원에 재앙이 사라지고 크게 번성한다고 믿었던 선조들의 지혜로운 비보풍수의 유물이었음을 엿볼 수 있다.

남원의 특산물은 교룡산성 및 신곡리에서 나는 엿과 닭, 요천의 금란어, 가을철에 산내면 실상사 부근과 노적봉 골짜기에서 따내는 송이버섯을 꼽을 수 있다. 관왕문에서 나는 미나리는 줄기가 꽉 차고 맛이 좋았으나 공설운동장이 들어서는 바람에 미나리 생산지가 많이 없어져 버렸다.

남원의 공예품 생산도 활발했다. 금속공예의 우수한 솜씨가 얼마 전까지도 이어져 운봉지방에서 만든 징과 꽹과리(운봉쇠)는 전국에서 가장 질이 좋은 것으로 쳤다. 그러나 채산성이 맞지 않아 공장들이 문을 닫은 뒤부터는 경상도 거창 것을 사다 썼다.

목기하면 운봉을 떠올리게 될 만큼 남원목기가 유명했다. 지리산 기슭 실상사 아래 산내면 백일리에 사는 지방문화재인 옻칠장이 김을생은 조부 김영수와 부친 김원팔로 가업을 삼대째 이어오는 장인이다. 그는 목기 만드는 일을 평생 업으로 삼았다. 지리산의 나무로 만든 바루를 등에 지고 전국 사찰을 돌기도 했다. 남원목기는 지리산에서 나는 오리나무, 고리실나무, 물푸레나무, 버드나무를 이용해서 만들어 더욱 튼실하고 제품이 우수했다. 하지만 그 유명했던 남원목기도 플라스틱 그릇과 중국제품 범람으로 인해 그 빛을 잃고 말았다. 지금도 목기공장이 있지만 찾는 이가 적고 옻칠 값이 비싸서 구하기가 힘들다. 한때는 옻칠하는 기술마저 사라져 화학도료로 그릇 칠을 하였다.

최근 스님들의 밥그릇인 목바루(바리때)를 만들어 사찰의 주문과 미국 수출 길이 조금씩 열리게 되었다. 화학도료인 카슈를 쓰지 않고 옻칠을 하기 때문에 오래 두어도 은은한 빛깔이 변치 않아 이를 선호하는 사람들이 점진적으로 늘어나게 되었다.

부채 하면 흔히 전주를 떠올리는 사람이 많지만, 한때는 남원도 부채의 명산지로 이름을 드높였다. 남원 조산리에서 만든 부채는 조산 부채라 하여 예로부터 그 진가가 높았다. 하지만 선풍기와 에어컨에 밀려서 점점 찾는 이가 줄고 재룟값이 비싸서 농한기의 부업거리로 조금씩 만들 수밖에 없었다. 이에 기업체에서 주문하면 만들거나 일본에 반제품을 수출하기도 했다.

전북과 경남이 만나는 인월 장날은 예로부터 신라와 백제의 접경지로 두 곳 주민들이 고개를 넘나들며 물물교환을 해왔다. 지금도 운봉. 아영. 산내면의 호남 주민과 경남 함양의 마천, 휴전, 백전면의 영남 주민들이 서로 소달구지를 끌거나 보따리를 이고 지고 팔령치를 넘나들고 있다. 그렇게 천년이 넘게 섞여서 살았는데도 말씨만은 팔령을 사이에 두고 뚜렷이 달랐다.

춘향골 남원은 국악의 본고장이라 할 만큼 수많은 명창과 명인들을 배출하였고 손홍록과 이화중선이 물 먹고 자란 땅이다. 조선 순조 때 운봉읍 화수리에서 태어난 명창 손홍록을 위시해 그의 손자인 송만갑, 수지면의 유성준, 주천면 출신으로 송만갑의 제자가 된 장행진 등 걸출한 명창들이 배출되었다. 남원에서 태어난 여자 명창 이화중선과 그의 동생 이중선, 운봉 화수리에서 태어난 박초월 같은 판소리의 명창들도 진가를 날렸다. 그들은 기생들의 교육기관인 권번을 중심으로 활동했다. 남원 권번은 광한루 안에 세워서 기생들에게 가야금, 판소리, 단소 같은 것을 가르쳤다.

그런데 일본 경찰의 간섭이 심해 광한루 밖으로 쫓겨나 민가에서 간신히 국악교습소 구실을 해왔다. 그 뒤 광한루 요천변 금암봉 기슭에 남원국악원을 지어 새로이 자리 잡게 되었다. 그러나 남원국악원 운영이 어려운 데다가 과외 금지령으로 사설강습소 규정 조치에 걸려 학생 수가 크게 줄었다. 이에 남원이 국악의 본고장이라는 자랑은 차츰 빛을 잃게 되었다.

남원에서 태어난 안숙선은 현재 판소리 명창 중에서 실력과 대중성을 모두 갖춘 명창으로 평가받고 있는 인물이다. 대한민국의 판소리 명창이자 인간문화재로서 영원한 춘향, 우리 시대의 소리꾼, 국악계의 프리마돈나 등 수많은 수식어가 따라다닌다. 국악전문지《소리마당》에서는 국악계의 영향력 있는 인물 1위로 평가했으며, 아시아경제신문에서는 '한국을 움직이는 파워 여성 리더 21인'에 선정되기도 했다.

김시습의 『금오신화』에 나오는 「만복사저포기」는 남원에 살았던 늙은 총각 양생이 만복사에서 부처와 저포놀이에서 이긴 대가로 부처한테 처녀를 소개받은 뒤 행복하게 지내다가 홀로 지리산에 들어가 약초를 캐며 살았다는 이야기다.

「만복사저포기」가 변치 않는 남자의 사랑을 그린 소설이라면 『춘향전』은 변하지 않는 여자의 사랑을 그린 소설이다. 두 소설 모두 남원을 배경으로 삼고 있지만 「만복사저포기」는 한문으로 쓰인 탓으로 세상 사람들에게 알려지지 않았다. 『춘향전』은 한글로 지어져 온 국민에게 알려졌고 판소리 창극으로 이름을 드높였다.

판소리 〈춘향전〉에서 방자가 광한루에 올라서 이도령에게 남원의 경치를 이르는 구절이 나오는데 이는 조선 초기 황희 정승이 세운 누대로 본디 광동루였다. 전라도 관찰사로 부임한 정인지가 광한루로 고쳤다. 광한루에는 오작교, 영주각, 춘향사 등이 세워졌으며 춘향사는 광한루가 유명해지자 광한루 동편에 세운 춘향의 사당이다.

그 춘향사를 세우기 훨씬 전부터 남원에서는 해마다 단오절에 춘향제를 올렸다. 이몽룡과 성춘향이 처음 만나던 날이 단옷날이었던 연유다. 그런데 단오 무렵은 농번기로 접어드는 철이어서 농사일에 지장이 많아 요즘은 춘향의 생일로 알려진 음력 사월초파일에 제를 올리고 있다. 예전에 유명했던 전주 단오제와 맞물려서 날짜를 바꿨다는 설도 있다. 하지만 전국적으로 유명했던 전주 단오제는 전주시와 풍남제전위원회 알력 등으로 그 명칭이 '풍남제'로 바뀌더니 결국 단오제의 맥은 강릉으로 옮겨갔다. 실제 전주 단오제는 풍년을 기원하고, 강릉 단오제는 풍어를 기원하는 행사로 그 의미가 달랐다.

아무튼 사월 초파일이 되면 남원에는 전국에서 유람객들이 몰려들어 그네뛰기, 씨름대회, 춘향뽑기, 농악대회, 남원 명창대회 같은 행사 등이 풍성하게 벌어져 온 나라가 춘향제의 열기에 휩싸일 정도였다. 그런데 남원 춘향제도 전주 풍남제처럼 춘향제전위원회의 잡음과 운영 미숙 등으로 본디 문학작품 속의 주인공 춘향이의 향수보다 눈요기와 오락거리에 치우쳐서 본 모습을 잃었다는 지적을 낳고 있다.

남원의 민속놀이는 춘향제와 더불어 용마놀이와 삼동굿놀이를 꼽을 수 있다. 삼국 시대부터 전해온 용마놀이는 음력 정초에 남북이 편을 갈라 용을 만들어 싸우는 놀이로 한때 맥이 끊겼다가 백 년 만에 재현되었다. 삼동굿놀이는 남원 동북쪽 사십 리에 있는 지네산의 지네가 닭산의 닭을 먹는 형상이라서 지네를 밟아주기 위한 백중날 어린 동자들이 즐기는 놀이다.

남원의 교통은 광주대구고속도로 개통과 전주와 남원을 잇는 4차선 국도 확장, 구례 화엄사와 산내면, 남원과 관광단지를 이어주는 순환도로들이 속속 건설되어 사통팔달의 교통중심지로 부상했다. 그렇지만 산업시설이 빈약하고 농업생산시설도 미약해서 점점 퇴화되고 있는 실정이다. 광한루 뒤 양림산의 허리를 깎아서 삼십만 평에 경주 보문단지에 견주어도 뒤지지 않을 관광단지를 야심차게 조성했다. 반면 남원의 전통적인 분위기에 큰 흠집을 냈다는 우려와 함께 이농현상 등으로 인구도 계속 줄어들었다.

남원은 전쟁의 흔적이 많이 남아있다. 백두대간과 지리산이 들어차 있는 운봉, 인월, 산내, 아영면을 운봉고원이라 하는데 경남과의 경계를 이루는 곳곳에 정령치, 등구재, 다리재. 꼬부랑재, 여원재. 팔랑치 같은 험한 고개들이 많다. 운봉고원을 끼고 있는 남원을 점령하면 호남과 영남을 제압하고 지리산 지역을 이용할 수 있기 때문에 예로부터 빼앗고 빼앗기는 결전장이 되었던 연유다.

특히 백제와의 싸움에서 신라 김춘추의 동생이 전사한 아막산성 전투, 고려 말 이성계가 함양을 거쳐 운봉으로 쳐들어왔던 왜구를 무찌른 황산대첩, 정유재란 때 오만이 넘는 왜군을 맞아 관군과 백성이 합심해서 끝까지 싸우다 모두 숨을 거둔 전투가 그렇다. 그때 전사한 영혼을 달래는 '만인의 총'이 남원 향교동에 마련되었다.

병자호란 때는 의병이 일어났고 동학혁명 때에는 동학군의 선봉장 김개남이 남원을 점령했으나 운봉 여원재를 넘다가 관군에게 패하기도 했다. 해방 뒤 여·순반란사건이 일어났을 때는 반란군이 지리산으로 숨어들어와 주민들의 먹을거리를 축냈다. 국군이 반란군을 진압할 무렵에도 주민들에게 괴로움을 끼쳤다. 휴전될 때까지 운봉지역은 밤에는 공비들 세상, 낮에는 국군들의 세상으로 변했다. 우여곡절 끝에 공비들을 모두 퇴치하는 데 오랜 세월이 걸렸다. 1957년 남원 운봉에서 지리산 평화제를 지내며 그 지긋지긋한 싸움의 액막이를 하였다. 지금도 황산대첩, 만인의총, 교룡산성, 충렬사, 지리산 전적비 같은 전쟁유적들이 곳곳에 남아 남원지역 전란의 역사를 대변해 준다.

그런가 하면 엄청난 자연재해도 겪었다. 1961년 7월 남원 이백면에 495mm의 집중호우가 쏟아졌다. 갑작스런 집중호우로 효기저수지 둑이 붕괴되면서 주민 110명이 수마에 휩쓸려 목숨을 잃었다. 건물 1,400여 동이 무너졌고, 2,500정보의 전답이 유실되는 등 마을 전체가 유래가 없는 홍수 피해를 입었다. 최근 효기리위령탑이 세워져 그 영혼들의 넋을 위로해 주고 있다.

한국문학의 산실로 알려진 사매면 노봉마을에는 대하소

설 『혼불』의 저자 최명희를 기리는 최명희혼불문학관이 세워졌다. 전북 전주에서 태어난 최명희는 〈쓰러지는 빛〉이 중앙일보 신춘문예에 당선되었다. 그 이듬해 동아일보에 장편소설 공모전에서 『혼불』〈1부〉가 당선되면서 문단의 주목을 받았다. 『혼불』을 통해 한국인의 역사와 정신을 생생하게 표현함으로써 한국문학 수준을 한 차원 높였다는 평가를 받았다. 안타깝게도 최명희는 난소암으로 작고해 문학계의 큰 별을 잃게 되었다.

최근 남원의 랜드마크이자 대표적 관광지인 춘향테마파크가 다양한 볼거리와 체험의 거리로 변신하고 있다. 광한루와 춘향테마파크 활성화를 위해 전통과 문화체험이 융합된 관광상품을 개발해서 운영하고 있다. 남원시는 최근 광한루 건립 육백 년 기념행사를 비롯한 조선 시대의 상점으로 꾸민 시나브로와 점집 '아싸'도 색다른 볼거리를 제공해 주고 있다.

한동안 침체기를 겪었던 남원 춘향제를 비롯한 〈남원의 달이야기〉 등 각종 전통문화가 되살아나고 있는 셈이다. 국악의 본고장으로 진가를 날렸던 춘향골 남원의 옛 모습에 취해 보련다.

—《수필과 비평(전북)》 2019. 9

9.
호남의 지붕, 월랑골 진안을 찬(讚)하다

월랑팔경은 삼국 시대 월랑에 물결치듯 산이 펼쳐진 모습의 신비로운 경치를 일컫는 진안의 대표적 풍경이다. 선현들은 《진안군지》을 통해 "진안의 팔경을 읊은 사언절구로 진안팔경을 꼽은 월랑팔경의 풍정을 노래"했다. 백제 시대에 부르던 월량(月良)이란 말에서 유래한 토속적인 진안의 옛 이름이다.

예로부터 선현들이 진안의 대표적 풍취를 노래한 월랑팔경의 면면은 이렇다.

마이귀운(馬耳歸雲)은 태고의 신비를 간직한 마이산에 구름이 드리운 모습이고, 부귀낙조(富貴落照)는 진안의 진산인 부귀산에 비치는 저녁노을 풍취다. 강령목적(羌嶺牧笛)은 진안에서 전주로 가는 강정재에서 목동의 피리 소리가 산울림과 조화되어 아름답게 울려 퍼졌던 풍경이다. 고림모종(古林暮鐘)은 부귀산에 노을이 질 무렵 절에서 울리는 은은한 종소리다, 우정제월(羽亭霽月)은 진안읍 우화산 우화정에서 본 비 갠 뒤 달의 경치다. 학천어정(鶴川漁艇)은 진안읍 학천에 고깃배 뜬 풍정이고,

우주세우(牛走細雨)는 진안읍 학천 들판을 달리는 소에게 흩날리는 가랑비의 모습이다. 남루효각(南樓嘵角)은 진안읍 남루의 시각을 알리는 뿔 고동 소리다.

월랑팔경의 제1경으로 알려진 태고의 신비를 간직한 진안의 상징 마이산은 예나 지금이나 빼어난 자연경관을 자랑한다. 마이산은 본디 광대한 진안고원의 한 부분이며 호남의 지붕이라고 불릴 정도로 높은 곳이다. 마이산 탑사에는 중생들을 구원하고 인류평화를 바라는 마음에서 이갑용 처사가 만불 탑사를 쌓았다고 한다. 아무런 장비도 없이 돌 하나하나 기묘하게 공들여 쌓아 올려 강한 비바람에도 쓰러지지 않는 신묘한 솜씨가 불가사의다.

최근 진안은 금산 못지않게 인삼 재배지와 홍삼으로도 유명하다. 인삼의 고장 금산군을 빼앗긴 전북은 진안군을 비롯한 다른 시군에서도 의외로 기후가 알맞아서 인삼이 잘 자랐기 때문이다. 1970년대부터는 진안을 비롯한 장수, 임실, 남원, 고창 같은 지역에도 많이 심었다. 그 무렵 진안인삼조합이 조사한 자료에는 전북지역의 인삼 재배 면적이 오백만 평이나 되었다.

특히 진안군의 인삼재배 면적은 농경지의 절반을 차지해서 바야흐로 인삼의 고장으로 떠오르게 됐다. 그 뒤부터 금산인삼을 부러워하지 않았다. 반면 금산인삼은 해가 갈수록 생산량이 줄어들어 1980년대에 들어서서는 이름값 하기조차 부끄러울 지경이었다. 금산 땅이 인삼을 재배하기에는 힘에 부칠 만큼 땅이 늙어서 새로운 땅이 줄어들고 인삼 경작자들이 인삼의 고장 진안과 전북의 시군으로 옮겨갔기 때문이다. 그런데 전북에서 생산되는 인삼의 일부가 금산인삼으로 상표를 달고 소비자들을 우롱해 말썽을 빚기도 했다.

그 당시 우리나라 인삼의 고장으로 유명했던 전북 금산군이 충남으로 넘어가자 전북사람들은 실망해서 반대를 심하게 했다. 금산인삼이 없어지는 아쉬움이 더 컸기 때문이다. 금산군은 초등학교 교과서에도 나올 정도로 전국적으로 이름난 인삼 재배지였다. 우리나라 인삼 생산량의 80%를 차지했던 인삼에서 벌어들이는 돈이 많아서 전북사람들이 든든하게 여기는 자랑거리였다. 금산에서 학벌 자랑과 돈 자랑하지 말라는 유행어가 회자될 정도였다. 금산에서 인삼을 재배하는 사람 중에서 서울 농대출신과 내로라하는 석학들이 많았던 연유다. 전북도민들의 세찬 반대에도 아랑곳없이 금산군은 충남으로 떨어져 나가 전북도민의 실망이 매우 컸다. 그 대신 전남 영광의 위도가 부안군으로 편입되었다. 하지만 위도는 연평도와 함께 국내에서 대규모 파시(波市)를 이루었던 조기 수확량이 좋았던 시절이 아닌 파장이나 다름없었다.

진안의 씨족으로는 천안 전씨가 유명했는데 천 년 전부터 진안에 뿌리를 내리고 살아왔던 연유다. 진안은 전 씨 못자리라는 말이 나올 만큼 전 씨의 텃밭으로 전북에서는 진안 전씨로 통했다. 전동흘은 정승 벼슬엔 못 올랐지만 진안 전 씨의 자랑이었다. 그는 진안읍 탄곡마을에서 태어나 조선 효종 때 무과에 급제했다.

그 당시 평안도 철산에는 계모의 학대로 억울하게 죽은 장화와 홍련의 원혼이 심술을 부려 부임하는 부사마다 까닭 없이 죽었다. 전동흘이 철산부사로 부임한 뒤부터는 그런 일이 일어나지 않았다. 두 자매의 억울하게 죽은 한을 풀어 주었기 때문이다.

문학인으로는 삼의당 부인으로 전해오는 시인 삼의당(三宜堂)을 내세울 수 있다. 삼의당은 조선 영조 때 남원에서 태어나 열여덟에 담락당 하립(湛樂堂 河砬)을 남편으로 맞았다.『삼의당 가화』는 두 부부의 문장이 엇비슷하고 생일 생시까지 동일해서 하늘이 정해준 배필이라고 칭송했다. 삼의당 부부는 선산이 있는 진안 마령면 방화로 이사왔다.『삼의당고』두 권의 문집과 딸들이 죽을 때 지었다는『제시』와『예송야기』란 자서전이 있다. 방화마을에는 후손으로 알려진 하씨들이 살았다.

천주교 성당은 1910년 진안읍 오천리에 세워졌다. 이 성당은 병인박해를 피해서 외국인 신부와 신도 백 오십 명쯤이 숨어들어와 세웠다고 해서 어은골이라 불렀다. 완주군 고산에 세운 되재성당 다음으로 오래된 건물이라고 한다.

2001년 진안 용담에 축조된 용담댐은 저수량으로 볼 때 소양강댐·충주댐·대청댐·안동댐에 이어 국내 다섯 번째 규모였다. 일제강점기부터 세 차례에 걸쳐 사업이 추진되었으나 해방으로 중단되었고, 1966년부터 계획했던 2차 사업은 충남의 대청댐 건설로 취소되었다. 전주 광역도시권 개발사업 타당성 조사와 십 년의 공사 끝에 용담댐이 겨우 완공이 되었다.

용담댐은 발전·용수 공급·홍수 조절과 전북과 충남의 물 부족 문제를 해결하기 위해 만든 댐이다. 댐 건설로 진안군의 6개 읍면 68개 마을이 수몰되고 12,616명의 이주민이 발생하였다. 용담댐 물은 도수터널을 통해 전북 완주군 고산 저수장으로 보내 발전을 하고 전북지역에 용수를 공급하거나 충남지역의 용수를 공급해 주고 있다.

옹기그릇은 백운면 정송에 있는 가마에서 생산된 제품이 우수했다. 그 마을은 옹기 때문에 생긴 마을로 그곳에 생계를 대었으며 전북 일원에 팔렸다. 하지만 진흙값, 운반비, 연료, 화학약품 값, 기술자와 인부 인건비 등이 상승과 기술을 배우려는 사람이 없어 문을 닫아 아쉬움을 더 했다.

최근 진안군은 사람과 자연이 함께하는 희망 진안을 실현하기 위해 부심하고 있다. 이를 위해 국내 최초의 홍삼한방특구와 전북과 충청권의 오아시스인 용담호의 맑은 물, 마이산, 운장산, 구봉산 등 천혜의 자연자원이 풍부한 생태환경도시를 지향하고 있다. 진안고원에 생산되는 진안 홍삼과 함께 꺼먹돼지도 진안특산물로 각광받고 있다. 태고의 신비를 간직한 마이산과 함께 섬진강발원지를 품은 데미샘 휴양림과 백운으로 옮겨온 전라북도산림연구소 등이 진안의 명소로 부상하고 있다. 내가 호남의 지붕 월랑골 진안을 찬(讚)하는 이유다.

— 《행촌수필》 2019. 9 / 《진안고을》 2023. 10

10.
삼절의 고장 장수를 경외하다

 옛사람들은 장수를 이르기를 울고 왔다 울고 가는 곳이라고 했다. 타지에서 오는 사람들이 너무 외진 산골이어서 겁이 나서 울지만, 그곳에 살다 보면 소박한 인심에 정이 듬뿍 들어 떠날 때는 섭섭해서 운다는 이야기다. 궁벽한 산골인 장수를 처음 찾아가는 사람은 길이 가파르고 고달파서 울음을 참아 내기 어려웠던 탓이다.
 나는 항상 장수를 생각할 때마다 세 가지 경외심을 갖게 된다. 장수의 자랑은 뭐니 뭐니해도 장수삼절(長水三節)이기 때문이다. 첫 번째 경외심은 주논개의 충절이다. 주논개는 장수군 대곡리 주촌에서 주달문의 딸로 생일 생시가 개해, 개달, 개시에 태어나 논개라는 이름을 얻게 되었다. 어찌어찌해서 최경희의 첩이 되었으나 임진왜란 때 진주병사였던 최경희가 진주성 싸움에서 패하자 남강에 몸을 던졌다. 이에 애간장을 태우던 논개도 진주 촉석루에서 왜장을 끌어안고 남강에 빠져 임의 뒤를 따랐다. 장수사람들은 논개의 고귀한 넋을 기리기 위해 고향인 장수에 추모비를 세우고, 매년 제사를 지내고 있다.

두 번째 경외심은 장수향교 지기 정경손의 충절이다. 장수향교는 조선 태종 때 세운 건물이다. 임진왜란 때 왜병이 쳐들어오자 현감과 관원들은 모두 도망치기 바빴으나 정경손은 혼자서 관아와 향교를 지켰다. 왜병이 불을 지르러 왔다가 혼자 관아와 향교를 지키는 것을 보고 감동해서 그냥 발길을 돌렸다. 그 충절을 기리고자 향교 앞에 비를 세웠다.

세 번째 경외심은 천천면 장판리에 있는 타루비에 얽힌 장수현감인 조종면 노비의 충절이다. 조선 숙종 때 장수현감이 전주감영으로 가는 길에 갑자기 나타난 꿩에 말이 놀라서 날뛰는 바람에 벼랑에 떨어져 죽고 말았다. 그 광경을 목격한 노비였던 마부가 자기 손가락을 깨물어 피로 바위에다 꿩과 말을 그려놓고 자신도 벼랑에서 떨어져 세상을 등지고 말았다. 주인을 따라 죽은 노비의 충절을 기려 비석을 세우고 해마다 새로 부임하는 장수현감이 제사를 지냈다.

장수 인물로는 장수 선창리에서 태어난 세종 때의 명신 황희 정승을 꼽을 수 있다. 그리고 임진왜란 때 머슴들과 마을의 장정들을 데리고 육십령에서 왜군과 싸우다 의롭게 전사한 조익령을 꼽을 수 있다. 계북에서 태어난 전해산은 일제와 을사조약이 맺어지자 의병을 모아 왜군과 싸우다가 대구에서 의롭게 전사한 인물이다.

역사적으로 장수는 백제 때 부평현, 신라 때 백계현으로 불리다가 고려 초에 장수현으로 바뀌면서 남원의 속현이 되었다. 조선 때 장수현을 복구하여 장계현을 병합했는데 별칭은 장천이었다. 그 뒤 장수읍으로 승격되어 오늘에 이르고 있다.

 지리적으로 장수는 백두대간과 금남호남정맥에 둘러싸인 고원지대다. 동쪽은 덕유산과 장안산, 서쪽은 팔공산이 우뚝 서 있다. 백두대간에 위치한 육십령은 산이 깊고 숲이 울창해 도둑 떼가 창궐해서 장정 육십 명이 모여야만 넘을 수 있었다.

 지형적으로 장수는 높은 산으로 둘러싸여서 바깥 고을에서 올 때는 험한 고개로 넘나들어야 한다. 북쪽 무주에서는 오도재, 동쪽 함양에서는 육십령, 서쪽 임실에서는 비행기재를 넘어야 한다.

 기후도 여름과 겨울의 기온 차가 심해서 가장 빨리 서리가 내리고 계절풍의 내왕이 잦아 비가 많이 내린다. 다른 지방 초가지붕보다 경사도가 더 심해서 지붕도 갈대로 인다.

 일제강점기에 호황을 누렸던 광산은 우리나라에 210개소, 전라도에 65개소, 장수에 10개소 있었다. 장수의 광산은 금광이 5개소, 수영 광산이 3개소, 운문광산과 석면광산이 2개소가 있었다. 한때 광산촌 경기를 타고 장수가 사람들로 북적댔으나 해방 후에는 다시 조용해졌다. 일제 식민시대에 장수 대성리 쾌등산에서 질 좋은 곱돌을 캐어 돌솥, 냄비, 약탕관, 절구통 등을 만드는 대성석기공장이 세워져 장수경제에 이바지했다. 최병옥이 곱돌 그릇을 만들다가 손자에게 물려줬는데 그 마을 삼백 명은 농사를 지으면서 곱돌 그릇을 만들어 생활했다. 지금은 중국산 곱돌을 수입해서 특산물을 만들고 있어 격세지감이다.

하천지리는 우리나라 6대 강인 금강의 발원지인 뜬봉샘을 간직한 장수군의 읍·면의 지명은 물과 밀접하게 관련되어 있다. 금남호남정맥의 산줄기인 장수 신무산 북동계곡 뜬봉샘에서 발원하는 금강은 군산 금강하구둑으로 흘러간다. 예로부터 금강의 물줄기는 백제인의 애환과 역사와 문화가 살아 숨 쉬는 민족의 강인 동시에 호남 북부지역과 충청지역의 젖줄로서 삶의 터전을 일구어 왔다.

장수는 산고수장(山高水長)으로 산이 높고 물이 긴 고장이다. 옛적에 수분령에 있었던 김세호 씨 댁은 하늘에서 지붕으로 떨어지는 천수(天水)가 남쪽으로 뛰면 섬진강, 북쪽으로 뛰면 금강의 물을 이뤘다. 이에 금강발원지가 있는 마을 지명도 원수분(原水分)으로 고유지명도 물의 뿌리라는 의미로 물뿌렝이로 불린다. 장수의 하천은 금강 유역의 장수천, 연평천, 장계천, 남천, 섬진강 유역의 요천, 번암천 등을 거느린다.

최근 장수의 교통은 익산대구고속도로와 대전통영고속도로 등이 개통된 뒤부터 교통요충지로 변모하였다. 반면 교통의 발달로 대전과 대구 등 대도시로 인구가 유출되고 상권도 빼앗기고 있다는 우려를 낳고 있다.

최근 장수는 지난날 어려움을 극복하고 뜬봉샘유원지, 와룡

휴양림, 논개생가지, 장수가야 유적지 등이 관광명소로 떠오르고 있다. 그리고 사과와 한우의 고장으로도 그 진가를 발휘하고 있다. 여기에 새롭게 도약하는 행복장수라는 슬로건을 내걸고 미래세대가 희망을 키워나가는 장수만들기에 팔을 걷어붙이고 있다.

특히 내가 장수를 경외하는 이유는 왜장을 끌어안고 남강에 뛰어든 주논개, 향교를 홀로 지켜낸 향교지기 정경손, 타루비에 얽힌 장수현감의 노비 등의 충절 때문이다.

―《전북수필》 2024. 5 /《완산벌에 핀 꽃(영호남 수필)》 2023. 8
《진안고을》 2023. 10

11.
샘골 정읍, 죽창들고 민중 봉기한 동학의 땅

 사계절이 아름다운 샘골 정읍은 백제 유민의 노래인 정읍사와 죽창 들고 봉기한 동학농민운동의 고장이다. 또 정읍의 단풍이 유명한 것은 내장산 단풍이라는 단어가 고유명사처럼 국민들의 뇌리에 똬리를 틀고 있기 때문이다. 전라우도 농악과 동학농민운동의 발상지이자 천혜의 단풍 명소로 알려진 정읍에서는 자연과 역사가 조화된 내장산 단풍문화제가 열려 탐방객들을 유혹한다.
 〈정읍사〉는 길 떠난 남편을 걱정하며 그 아내가 불렀다는 백제 유민의 한 맺힌 노래다. 백제가요에서 유일하게 가사가 전해 오는 정읍사는 백제 여인의 숭고한 사랑과 부덕이 서려 있다. 정읍은 현존하는 가요 중 최고의 걸작으로 추앙받는 정읍사와 함께 가사문학의 효시인 상춘곡의 발원지로 알려져 있다.
 동학농민운동은 갑오년 고부에서 농민들이 괭이와 죽창을 들고 관아를 습격한 사건으로 촉발되었다. 오죽했으면 지고지순한 고부지역 농민들이 고부군수인 조병갑의 학정에 견디다 못해 관아에 불을 지르고 그를 몰아냈을까. 그가 고부군수로 부임해 오면서부터 온갖 구실로 돈과 쌀을 수탈해 갔다. 제 아비의 송덕비를 세워놓고 황무지에 세를 매겼다. 그리고 이평면에 만석보 저수지를 다시 쌓는다는 핑계로 돈을 걷고 부역을 강제로 시켰다. 설상가상으로 만석보가 완성되고 추수가 끝나자 다시는 걷지 않겠다던 보세를 칠백 섬이나 거둬들였다. 마침내 격분한 농민들이 전봉준을 필두로 관청을 습격하여 조병갑을 쫓아내고 만석보를 부숴버렸다. 그 사건이 불씨가 되어 갑오동학혁명이 발발하게 되었다.

그 무렵 경주에서 태어난 최재우가 세운 동학교가 나라 곳곳에 퍼져 민중 속에 뿌리박고 있었다. 전봉준은 전라도 동학교 우두머리인 손화중과 김개남의 손을 잡고 불만세력을 모아서 혁명을 이끌었다. 하지만 대부분 훈련을 받지 못한 농민으로 이루어진 동학혁명군은 충남 공주 우금치의 큰 싸움에서 일본군과 관군의 신식무기에 당하지 못해 대패하고 말았다. 동학혁명은 실패로 돌아가고 전봉준도 불혹의 41세에 처형장의 이슬로 사라지고 말았다.

전라도 지방에는 "새야 새야 파랑새야"로 시작되는 민요가 나돌아 실패로 끝난 동학농민혁명을 안타까워하는 민중의 심정을 나타내주었다. 녹두밭은 전봉준이 순창으로 물러가 앉은 것을 가리키고 청포장수는 청나라 군사를 의미한다. 황톳재에 기념탑이 세워진 것을 계기로 전봉준 유적 성역화사업이 시작되어 숭고한 동학정신이 계승되고 있다.

역사적으로 정읍 태인면 만남의 광장은 조선 영조 생모인 숙빈 최씨 출생지로 알려져 있다. 천애 고아였던 숙빈 최씨를 인현왕후의 아버지 민유중이 딸처럼 거두었는데 일곱 살 때 민유중의 딸 인현왕후를 따라 입궁하였다. 그 뒤 숙종의 후궁으로 제수되어 첫 왕자와 둘째 왕자 영인군(영조)를 낳은 뒤 정1품인 숙빈이 되었으나, 안타깝게도 영인군의 왕위 등극을 보지 못하고 49세에 경기도 양주 땅에 묻혔다.

정읍 칠보면 무성서원 근처는 비운의 단종비인 정순왕후가 탄생한 곳이다. 여산 송씨 판돈녕부사 송현수의 딸로 열다섯에 왕비로 책봉되어 조선의 국모가 되는 영예를 누렸다. 하지만 수양대군의 왕위 찬탈로 단종이 강원도 영월로 유배를 가게 되면서 정순왕후도 도성 밖으로 쫓겨나고 말았다. 동대문 밖 숭인동 동망봉 기슭에 초막을 짓고 한 많은 삶을 영위하다가 단종이 죽임을 당한 지 64년 뒤에 승하했다.

정읍은 호남의 큰 도시인 광주와 전주의 중간에서 순창, 고창, 부안, 장성, 김제와 연결되는 교통의 중심이자 농산물의 집산지였다. 지형적으로 샘골 정읍은 땅을 한자만 파도 물을 한 동이 길어 올릴 수 있을 만큼 지하수가 넉넉한 고을로 샘이 많다는 의미다. 정읍은 정읍시와 정읍군이 통합할 때 만해도 15만 명이 살았는데 인구가 점차 줄어들어 최근 118,137명으로 감소했다. 그래도 농경지와 경제력이 풍부한 정읍시는 다른 시군에 비해 인구 감소가 적은 편에 속했다.

역사적으로 정읍은 백제 때는 정촌, 신라가 삼국을 통일한 뒤 경덕왕 때 정읍으로 불렀다. 일제강점기에 정읍현과 고부군, 신태인군이 정읍군으로 합병되어 정읍으로 승격되었다. 오십 년이 지난 뒤 정읍이 시로 승격되면서 정주시가 정읍군에서 떨어져 나갔다가 또다시 통합되어 정읍시가 되었다.

정읍의 특산물은 북면의 감자, 입암의 차, 옹동의 생지황, 정우의 왕골, 산내와 산외의 담배, 내장과 칠보의 삼베, 내장산 복분자를 꼽을 수 있다. 동부 산간지대에는 인삼과 표고재배도 활발했다. 정읍공업단지가 들어면서부터 경제가 활기를 찾았다.

문화유산은 고부와 이평에는 신석기 시대와 마한백제의 유적이 많다. 신석기 시대의 유물인 고인돌이 영원면 은선리, 백제 때 무덤이 고부, 영원, 이평면에 모여 있다. 고부읍성, 두승산성, 은선리석성, 덕천시루봉산성 등에 백제와 고려의 기와, 토기들이 흩어져있다.

인물로는 통일신라의 문장가 최치원을 들 수 있다. 그는 지금의 태인 현에서 군수를 지낸 적이 있었는데 피향정은 그 유서를 담고 있다. 그가 합천군수로 가게 되자 그의 공을 기려 세웠다는 유상대와 강운정이 칠보면에 있다. 그의 초상화를 모셔 놓은 무성서원도 그때 태산현인 칠보면 무성리에 있다.

정읍 구미동에는 옛날 현감을 지낸 이순신의 공덕을 기리기 위해 세운 충렬사가 있다. 정읍 장명동에는 우암 송시열이 제주 유배지에서 서울로 압송되어 오다 그곳에서 사형당한 뒤 그를 추모하여 세웠다는 '송우암 유허비각'이 있다.

또 문장가 정극인은 단종 폐위를 슬퍼하며 벼슬을 버리고 낙향하여 태인에 머물면서 〈상춘곡〉을 지었다. 조선 말기 고부에서 태어난 전추산은 단소의 명인으로 이름을 날렸다.

자연경관은 단풍으로 유명해 호남의 금강산으로 불리는 내장산을 꼽을 수 있다. 신선봉을 위시해서 아홉 개 봉우리가 솟아 탐방객을 유혹하고 있다. 내장산 품에 안긴 내장사는 유해선사가 창건했으나 한국전쟁 때 불타 중건한 뒤 대가람을 이뤘다. 내장사 들머리에는 승병장 희묵대사가 승병을 이끌고 왜적과 싸울 적에 쌓았다는 내장산성이 있다. 내장산 중턱에는 용굴이 있는데 임진왜란 때 전주에 보관했던 《조선왕조실록》과 조선의 태조 이성계 영정을 옮겨와 1년 동안 숨겨두기도 했다. 굴 앞 암자에서 정성 들여 간직해 낸 사람이 바로 송홍록과 안의였다. 이에 임진왜란 중에 세 곳의 《조선왕조실록》은 모두 불탔으나 전주사고 본만 온전할 수 있었다.

정읍의 대표적 문화유산은 정우면 대산리의 대산밟기 풍속으로 대산 꼭대기의 이 천 평 쯤 되는 언덕이 있는데 마치 상여의 꽃처럼 생겼다. 윤달에 그 산을 밟으면 극락에 간다고 하여 아낙네들이 대산밟기를 즐겼다.

최근 정읍은 사계절이 아름다운 정읍 9경이 그 풍취를 자랑하고 있다. 내장산 단풍터널, 옥정호 구절초정원, 동학농민운동 국가기념공원, 무성서원과 상춘공원, 백제가요 정읍사문화공원, 피향정 연꽃, 정읍천 벚꽃길, 전설의 쌍화차거리, 백정기 의사기념관 등이 그 주인공이다.

  여기에 동학농민혁명의 발상지. 가사문학의 효시 상춘곡, 현존하는 최고의 가요사인 정읍사 등과 함께 더불어 행복한 더 좋은 정읍 발전을 위해 힘찬 발걸음을 내딛고 있다.

─《완산벌에 핀 꽃(영호남수필)》 2024. 5

12.
천년목사 고을 나주를 톺아보다

    천년목사 고을로 일컫는 나주 문학기행을 통해 전주와 함께 전라도를 탄생시킨 나주의 천년 풍상을 톺아보는 계기가 되었다. 전주는 전라감영을 두고 전라감사가 호남과 제주도까지 관장했던 호남의 정치, 경제, 행정의 중심이었다. 나주 목은 광주와 전라남도를 관할하였던 중심 고을이다. 천년의 세월이 흐르는 동안 수많은 목사가 한양에서 나주로 부임해왔다. 고려와 조선 시대에 이르기까지 나주목사가 나주 관아에서 집무를 보며 나주 내아에 기거했다. 지금은 나주 내아는 문화재로 지정되어 한옥 체험 공간인 '금학헌'으로 이름이 바뀌어 수많은 탐방객이 찾는 명소로 변모했다.

    나주는 영산강의 고대문화 중심지로 풍요로운 맛, 멋, 낭만을 간직했던 고을이다. 호남의 남반부에 있는 전남의 젖줄이자 우리나라 4대강의 하나인 영산강은 오늘도 천 년 역사를 품은 나주를 감싸안고 휘돌아간다. 그동안 나주는 광주를 비롯한 목포, 함평, 무안, 영암, 강진, 해남 등 10개 시·군의 관문인 교통과 해상의 중심지였다. 예로부터 황토로 물들인 돛을 단 황포돛배는 영산강과 바다 물길을 따라 오르내리며 쌀, 소금, 미역, 홍어, 등 생필품을 끊임없이 실어 날랐다. 하지만 육로교통의 발달과 영산강하구둑이 축조되면서 마지막 배가 떠난 뒤 자취를 감추었다가 최근 황포돛배로 재현해 관광객들을 싣고 오르내리고 있다.

예로부터 나주는 나라에 큰 공을 세운 걸출한 인물이 많이 배출되었다. 조선의 대학자인 신숙주와 임진왜란 때 의병장으로 활동했던 김천일 등이 나주의 물을 먹고 태자랐다. 고려를 건국한 왕건의 부인도 나주 오씨 가문의 딸로 그가 낳은 아들이 고려 혜종왕이 되는 영화를 누렸다. 왕건은 나주 오씨 세력과 손을 잡고부터 강력한 힘을 발휘하였다.

조선 시대 나주는 전국 12개 주요 도시에 목(牧)이 생길 때 나주목이 돼 구한말까지 천 년 동안 큰 도시의 구실을 했다. 이 때문에 나주는 지금도 '천년목사 고을'로 불리고 있다.

나주는 예로부터 비단 직조 기술과 쪽 염색이 발달하였으며, 오늘날에도 샛골 나이와 염색장이라는 인간문화재가 활동하는 천연염색 문화의 중심지다. 영산강과 바닷물이 만나는 지리적 환경 덕택에 쪽과 뽕나무를 재배하기에 좋았던 연유다. 요즘은 염색체험부터 전시물품까지 관람할 수 있는 천연염색박물관도 생겨났다.

나주의 자랑인 「금성별곡」은 『함양 박씨 세보』에 실려 있다. 작자가 금성(錦城, 지금의 나주)의 자연이 아름다운 나주고을에서 빼어난 인재가 많이 배출된 것과 나주 유생들의 면학의 기풍을 찬양했다. 그리고 문학사적으로 이 작품은 찬양을 하며 감격을 나타내는 노래인 경기체가의 전통적 성격을 보여주는 마지막 작품이라 할 수 있다.

나주에서는 금성산을 빼놓고 이야기할 수 없다. 풍요로운 나주평야에 우뚝 솟아올라 나주의 바람막이 역할을 하는 금성산은 조선의 11대 명산 가운데 하나로 손꼽힐 정도로 명성이 자자했다. 김시습, 윤소종, 김극기 등 시인묵객들이 금성산 예찬을 위해 문전성시를 이루기도 했다. 고려와 조선 시대에는 매년 봄가을이면 왕실에서 향과 제수를 보내 나라의 평안과 백성들의 안녕을 빌었던 영산이다.

선현들은 『택리지』를 통해 '금성산을 등지고 남쪽에 영산강을 두르고 있는 나주의 지세가 한양과 비슷하기 때문에 예로부터 이름난 벼슬 집안이 많다.'고 칭송했다. 금성산은 서울의 북한산, 영산강은 한강에 비유하여 나주를 한양을 축소해 놓은 소경(小京)으로 묘사하기도 했다. 나주는 백제에서 조선조 임진왜란에 이르기까지 중요한 방어진지 역할을 했다. 지금도 산봉우리 네 개를 연결한 금성산성 터가 있으며 동학농민혁명 때는 나주성을 공략하기 위해 농민군들이 이 산성에 진을 치기도 했다.

나주의 명소인 쌍계정은 조선 시대 명신 정가신이 전라도 삼대 길지의 하나인 나주시 노안면 금안리에 건립했는데 한석봉이 현판을 일필휘지했다. 많은 인물이 배출된 길지인 동시에 나주 정씨, 풍산 홍씨, 서흥 김씨가 공동 관리하는 조선 시대의 대표적인 정자로 손꼽히고 있다.

임금에게 올리는 진상품인 나주 배는 《세종실록지리지》에 등장할 정도로 품질이 우수했다. 영산강 유역 양질의 토양과 최적의 기후조건으로 당도가 높고 맛이 일품이다. 음식의 고장 나주의 대표적인 음식은 맑고 담백한 국물의 나주 곰탕과 영산포 홍어를 손꼽을 수 있다. 나주곰탕은 소머리를 고아 낸 물에 소고기, 양지와 내장을 썰어 넣은 뒤 다시 푹 고아 낸 국물로 맑고 담백한 맛을 낸다. 영산포 선창가에서 톡 쏘는 홍어에 잘 삶은 돼지고기와 묵은김치를 곁들인 홍어삼합과 막걸리를 곁들이면 세상만사 기분이 최고조에 달한다.

고대 왕국 반남고분군과 복암리 고분군에서 출토된 유물도 눈길을 끌고 있다. 반남고분군은 나주시 반남군 자미산을 중심으로 낮은 구릉지에 산재되어 있다. 고구려 적색총, 백제의 석시분, 신라의 적석목곽분, 가야의 석곽묘 등과 구별되는 영산강 유역 고대사회의 독특한 고분양식이다. 나주시 반남면 고분로에 들어선 국립나주박물관은 신촌리 9호분 금동관 등 출토된 유물 1,500여 점을 전시하고 있다.

옛 고구려 모습을 재현한 우리나라 최대 규모의 나주영상테마파크도 명소로 등장했다. 드라마 '주몽'의 촬영지로 유명한 옛 고구려의 모습을 완벽에 가깝게 재현했다는 평가 받고 있다. 최근 한옥지붕 옛 목선으로 멋스러움으로 재현한 황포돛배를 타고 영산강 투어를 즐기노라니 옛날 선조들이 즐겼던 한량이 된 기분이다. 바야흐로 나주는 금천, 산포면 일대에 한국전력 등 14개 공공기관이 들어서는 빛가람 혁신도시가 조성되어 호남권 중심도시로 재도약에 나서고 있다.

  하지만 비약적으로 발전하는 이웃 광주와 대전에 비해 천년의 풍상을 겪으며 초라한 성적표를 받아 든 나주와 전주의 모습은 내 발길을 무겁게 했다.

        — 《완산벌에 핀 꽃(영호남수필)》 2024. 8 / 《은빛수필》 2024. 5

13.
민족의 영산 지리산을 추앙하다

"만고천왕봉 천명유불명(萬古天王峯 天鳴猶不鳴)"

일찍이 남명 조식이 '지리산은 하늘이 울어도 울지 않는 산'으로 묘사했듯이 지리산에는 우리 민족의 강인하고 질곡 같은 삶이 녹아있는 영산으로 추앙받고 있다.

예나 지금이나 지리산의 모든 풍취를 상징하고 있는 지리 10경은 우리 민족의 심장을 고동치게 한다. 예컨대 삼대에 걸쳐 적선하지 않으면 볼 수 없다는 장엄한 천왕일출(天王日出), 작열하는 태양이 하루를 보내고 반야봉 서녘하늘을 진홍빛으로 물들이는 반야낙조(般若落照), 연하봉의 아름다운 경치(烟暇仙境), 벽소령에서 바라보는 희고 맑고 푸른 벽소령 월출(碧霄明月), 세석평전에 피어난 진분홍 빛깔의 세석철쭉(細石철쭉), 다도해에서 실려 온 운무가 노고단 산허리를 감싸는 구름바다가 선계를 연출하는 노고운해(老姑雲海), 피아골 옥류와 단풍이 어우러진 직전단풍(稙田丹楓), 지리산 최고의 장관을 연출하는 불일폭포(佛日瀑布), 지리산 최고의 비경을 자랑하는 칠선계곡(七

仙溪谷), 맑은 계곡물들이 모여서 섬진강을 이루는 섬진청류(蟾津淸流) 등이다.

청명한 날 지리산 천왕봉에 올라 산들바람에 젖은 땀을 식히며 산하를 굽어보노라면 산자락에 기대어 옹기종기 모여 있는 산촌들이 고향의 어머니 품처럼 정겨움이 묻어난다.

우리 선조들이 민족의 명산으로 여겨왔던 지리산은 백두산, 한라산과 더불어 우리나라 3대 명산으로 추앙받아 왔다. 대학자인 고운 최치원, 풍수지리에 달통한 도선국사, 조선 전기의 성리학자로 영남학파의 거두였던 남명 조식 등이 편력(遍歷)했던 산이다. 지리산은 임진왜란, 일제강점기, 한국전쟁 등의 민족 수난 현장으로 온갖 아픔을 지닌 산이다.

한국 문단에 있어 박경리의 『토지』, 이병주의 『지리산』, 이태의 『남부군』, 조정래의 『태백산맥』 등의 작품 배경이 되었듯이 지리산에는 한국인들의 애틋한 시심이 녹아있다.

예로부터 고승들이 대가람을 창건한 민족의 영산인 지리산은 장(壯)하나 수(秀)하지 못하고 금강산은 수하나 장하지 못하며, 묘향산은 장하며 수하다고 했다. 나는 노고단에서 천왕봉까지의 종주 길을 천국을 거니는 길로 여기며 걷고 있다.

눈이 시리도록 짙푸른 하늘, 맑은 물이 졸졸졸 흐르는 실개천, 연두 빛깔로 짙어가는 싱그러운 숲이 어우러진 지리산은 오늘도 내 마음을 자꾸만 유혹하고 있다.

―정병렬 시인 시집 수록 2024. 10. 1

제2부

◇◇◇

금강산아, 내 소원 풀어다오

금강산 일만이천봉 지도 (출처: 금강산호텔에 마련된 지도)

1.
빼앗긴 백두산

"이 머리는 베일지라도 국토를 줄일 수는 없다."

함경도 안변부사였던 이중하가 백두산정계비의 국경 문제로 청나라와 분쟁을 빚을 때 구국정신으로 맞섰던 말이다. 육당 최남선은 『심춘순례』에서 백두산을 우리 겨레 심령의 어머니로 묘사했다. 조선 시대 신경준이 편찬한 전통 지리서인 『산경표』와 고산자 김정호가 판각한 《대동여지도》의 첫머리에는 민족의 영산인 백두산이 우뚝 서서 우리 민족의 기상을 대변해 주고 있다.

청나라가 백두산에 정계비를 세운 뒤 간도 지역은 장기간 분쟁지역으로 머물렀다. 그런데 일제가 조선의 외교권을 박탈하는 을사조약을 체결한 뒤 백두산을 비롯한 간도 지역의 영위권은 1909년부터 청나라로 넘어가고 말았다. 북한은 백두산 천지를 한국전쟁 참전 대가로 중국에 할양해서 우리 민족의 분노를 샀다. 설상가상으로 한국 여야의원이 발의하여 국회에 제출된 '백두산 영위권에 관한 확인 결의안'마저도 외무

위원회에서 슬그머니 폐기해 망국적 행위를 저질렀다. 결국 일제와 청나라의 모략과 중국의 동북공정과 북한의 무지, 정부의 수수방관과 국회의 무책임한 망국적 행위 때문에 간도 지역의 영유권도 빼앗기고 백두산 명칭은 장백산으로 유린당한 꼴이다.

간도 지방은 부여 이후 줄곧 한민족이 소유했던 땅이다. 하지만 발해가 멸망하면서 배타적 지배권을 상실하고 말았다. 이후 여러 민족이 점유하다가 청나라가 백두산에서 여진족의 탄생 신화가 막을 올렸다 하여 백두산정계비를 세우고 우리 민족의 간도 출입을 막았다.

조선은 백두산정계비에 명시된 두만강이 중국 토문강과 물줄기가 다르다며 간도 영위권을 끝내 포기하지 않았다. 실제로 토문강은 우리의 두만강과 별개의 하천으로 백두산에서 발원하여 중국과 북한의 국경을 지나 북쪽으로 흘러 송화강으로 합류하는 물줄기다.

이에 조선의 국경은 백두산에서 더욱 멀어졌고 동북공정에 의해 백두산의 이름도 장백산으로 왜곡되었다. 우리는 동북공정은 단순히 역사문제가 아니라 간도를 둘러싼 동북아시아의 향후 질서를 염두에 두고 있다는 사실에 주목해야 한다. 백두산 주봉인 백두봉도 일제는 천황의 연호를 상징하는 대정봉, 남북분단 후에는 김일성 장군을 지칭하는 장군봉으로 왜곡되어 정치적으로 이용당하고 있는 모양새다.

예로부터 백두산 신단수 지역은 우리 민족의 시조인 단군왕검의 부친인 환웅이 하늘에서 내려와 최초로 정착한 신령스런 곳이다. 삼천 명의 무리를 이끈 환웅은 신단수 일대에서 세 개 '천부인'의 힘을 빌려 세상을 다스렸다고 《삼국유사》는 전하고 있다. 바로 백두산이 민족의 영산으로 숭배되는 이유가 아니고 무엇이겠는가. 19세기에는 일본의 학정을 견디다 못해 고향을 등진 조선인들이 간도로 대거 이주해서 농사를 지으며 한 많은 삶을 살아야 했다.

나는 『산경표』 전통 지리 부활을 염원하며 보무당당하게 민족의 영산인 백두산을 두 번이나 등정하였다. 그때마다 백두산 천지는 눈이 시도록 파란 물이 일렁이고 백년설과 야생화, 기암괴석이 어우러져 형용할 수 없는 황홀경으로 빠져들게 했다. 하지만 백두산 등정의 가슴 벅찬 감흥보다 중국이 강탈해간 장백산이란 명칭을 생각할 때마다 가슴이 아린다.

중국은 청나라 만주족의 발상지가 백두산이라 주장하며, 장백산(창바이산)으로 명칭을 왜곡한 뒤 유네스코 지질공원 지정 받기 위해 오랫동안 공을 들여왔다. 이는 백두산을 중국 문화권으로 편입시키려는 동북공정 사상이 담겨있는 고도의 술책이 아닐 수 없다. 동북공정이란 용어도 옛 만주 지역으로 조선족이 많이 살고 있는 요녕성, 갈림성, 흑룡강성을 일컫는다. 우리 땅 간도와 민족의 영산으로 숭배되는 백두산의 4분의 3을 중국에게 빼앗기고 고유지명을 청바이산(長白山)으로 왜곡했어도 한국은 수수방관하고 있다. 아니 꿀 먹은 벙어리라고 표현해야 옳은지 모른다.

　설상가상으로 중국은 2024년 3월, 자기 영토로 되어 있는 백두산을 장백산유네스코 세계지질공원으로 등재하고 말았다.

　미래를 노리는 중국에 비해 과거에 집착하는 한국의 역사는 과연 어디를 향해 가고 있는가. 오, 통재(痛哉)로다.

― 《새전북신문》 2021. 8. 27
《석정문학》, 《한국미래문학》, 《수필과 비평(전북)》 2021. 8

2.
신화적 사유의 압록강

한민족의 젖줄인 압록강 백두산 천지와 감격의 입맞춤을 했다. 그리고 우리 국토의 대동맥인 동시에 산줄기의 대동맥이자 백두대간의 출발점인 백두산 표석을 아내와 함께 얼싸안았다. 한민족의 시조가 탄생한 신화적 사유의 공간인 백두산과 압록강 연안에서 질곡 같은 삶을 영위했던 선현들의 발자취를 찾아 나서기 위해서다. 그런데 눈이 시리도록 푸른빛을 띤 백두산 천지와 달리 중국 단둥의 압록강 하류에는 모진 풍파에 시달렸던 선조들의 삶을 말해 주듯 탁류가 흘러 마음이 스산했다.

예로부터 압록강은 고구려 신화와 관련된 사유의 대상이었다. 후대로 내려오면서 압록강은 시적 정서를 표출하는 배경이 되었고 지정학적으로 전략적 요충지였다. 고구려는 이 강의 상류에 환도성을 쌓아 전시 때 수도로 이용하였다. 청일전쟁과 러일전쟁 때는 압록강을 서로 차지하기 위해 처절한 전투를 벌이기도 했다. 이성계는 대군을 이끌고 압록강을 두 번이나 건너 고구려 옛 땅을 수복했던 구국공신이었다. 반면 조정의 명을 어기고 위화도에서 회군한 뒤 고려 우왕을 끌어내리고 조선 건국을 도모했다는 역사에 오점을 남기기도 했다.

한국전쟁 때는 압록강이 두 차례나 우리 영역에 들기도 했다. 하지만 중공군 인해전술 침입으로 미군이 후퇴하면서 폭파했던 압록강 철교를 바라보노라니 민족상잔의 비극이 저절로 되새겨졌다. 지금은 중국 단둥과 북한의 신의주를 잇는 철교와 육교가 새로이 놓여 중국과 북한의 관문 역할을 하고 있다.

단둥에서 아내와 손을 꼭 잡고 '압록강 철교 단교'라고 쓰인 표석을 지나 북한 방향으로 조심스럽게 발걸음을 내디뎠다. 하지만 끊어진 철교 때문에 더 이상 북녘땅으로 갈 수가 없어 발길을 돌려 쾌속선에 몸을 싣고 위화도와 신의주의 주변을 살폈다. 북한의 낡은 어선에는 남루한 옷차림으로 어민들이 화투를 치거나 담소를 나누는 모습이 눈에 잡혔다. 신의주와 단동 시가지가 한눈에 내려다보이는 국제호텔 스카이라운지에서 불야성을 이루는 단둥과 불 꺼진 북녘땅을 견줘보다 한숨을 내쉬었다.

아름다운 경관을 자랑했던 압록강 연안은 산림자원의 보고였지만 일제가 러일전쟁 때 전쟁비용 충당을 위해 울창한 산림을 망쳐버렸다. 백두산에서 발원하는 물줄기는 압록강, 두만강, 송화강 등 세 개다. 그중에서 압록강이 으뜸이다. 압록강 하류에 위치한 중국 변방의 작은 도시였던 단둥(예전의 안동)은 활기찬 도시로 상전벽해가 되었다. 반면 북한에서 평양 다음으로 부유했던 신의주는 오히려 초라한 몰골로 내 마음을 심란케 했다. 서울과 신의주를 잇는 1번 국도와 경의선 철길의 종점으로 과거 교통과 산업의 중심이었던 신의주의 체면이 단단히 구겨진 모양새다.

아무튼 압록강은 고구려의 신화적 의미를 지녔고, 한민족의 질곡 같은 삶을 지켜주었던 젖줄이었다. 이에 압록강에게 서울에서 평양과 고구려 영토를 거쳐 유럽으로 통하는 육로가 하루빨리 열리게 해달라고 염원했다. 부디 남북한은 유럽으로 통하는 육로 개설과 한민족의 젖줄이자 신화적 사유의 압록강 수복에 머리를 맞대야 할일이다.

― 《새전북신문》 2021. 10. 1 / 《전북수필》 2021 / 《문예춘추》 2021. 8

3.
금강산아, 내 소원 풀어다오

　나의 평생소원은 '국토 종주'다. 이에 낙동강 하구인 김해 분산에서 낙남정맥을 따라 지리산 영신봉까지 15일 동안 발품 팔았다. 지리산 천왕봉에서 남한의 최전방인 강원도 향로봉까지 36일 동안 백두대간 종주도 마쳤다. 하지만 향로봉에서 금강산을 코앞에 두고 가로막힌 휴전선 때문에 발길을 돌려야 했다.
　다행히 조국이 분단된 지 오십 년 만에 이루어진 남북관광교류사업 덕택에 선박으로 백두대간에 위치한 금강산 등을 다녀왔다. 또 중국을 거쳐 백두산 등정도 마치고 북한지역 국토 종주를 간절히 염원했다. 그런데 온 국민을 전율케 했던 금강산 오십 대 여성의 충격 사망 사건으로 인해 남북관광교류는 꽁꽁 얼어붙고 말았다. 나는 가끔 동해에서 금강호에 몸을 싣고 다녀왔던 천태만상의 일만 이천봉 금강산을 떠올리며 남북관광교류가 재개되어 백두대간종주가 실현되기를 학수고대하고 있다.

전북지역 상공인 대표들과 찾아간 금강산자락의 온정리는 현대타운과 금강산관광호텔, 김정숙 휴양소, 조총련 전용호텔, 온천, 휴양지, 음식점 금강산관리소 등이 밀집해 있었다. 외금강에서 제일 먼저 눈길을 잡는 것은 오랜 세월 비바람에 깎여진 닭알바위와 마을의 수호신으로 알려진 매바위였다. 스님의 공양그릇 형상의 바리봉, 남성 심볼 남근바위, 웅장한 관음연봉을 비롯한 세존봉, 채하봉, 수정봉, 신선들이 모인 형상의 집선봉 등 온갖 형상의 바위들이 자태를 자랑하듯 얼굴을 내밀었다.

 만물상탐방코스는 천태만상의 기암괴석이 운집해 있는 만물상과 천선대가 매력 포인트였다. 천연조각으로 빚어놓은 듯한 관음봉은 부처님 형상이었고, 관음폭포는 여자를 닮은 기묘한 모습 때문에 음폭(陰瀑)으로도 불렸다. 관음폭포 상류에 있는 육화암(六花岩)의 암각서는 달빛에 비치는 바위가 흰 눈꽃 같다 하여 양사언이 새겼다고 한다.

 금강산 정상인 비로봉은 백두산을 잇는 백두대간 마루금인데 통제구역이라서 접근할 수 없어 발길을 돌려야 했다. 만물상은 천지간 동식물의 모형을 집합시켜 놓은 성싶다. 각도, 날씨, 시간, 계절, 장소와 사람의 생각에 따라 달리 보였다.

 복암 이동훈은 『금강록』에서 만물상을 일컬어 "조화가 공교로워 도무지 헤아릴 수 없다. 매양 아주 기이한 곳을 볼 때마다 문득 경탄성(驚歎聲)을 발할 지경이다. 눈으로 형상해 볼 수도 없고 낱낱이 들 수도 없다."고 감탄사를 연발하였다. 망양대에 오르니 천선대와 동해가 한눈에 잡혔다. 천선대(天仙臺)는 네 개의 돌기둥으로 이루어졌다. 맨 앞 기둥에는 최치원이 새겼다는 '천선대'라는 암각서가 있다. 천선대는 초등학교 교과서에 나왔던 '나무꾼과 선녀'의 무대로 알려진 곳이다.

금강산의 구룡폭포 주요 탐방코스는 거대한 모습의 구룡폭포와 여덟 개 담(潭)으로 이루어진 상팔담과 신라 경순왕의 큰아들 마의태자가 잠들은 비로봉이다. 상팔담에서 비로봉은 통제구역이라서 아쉬운 발길을 돌려야 했다. 칠십을 넘긴 나는 천태만상의 비경을 자랑하는 금강산에서 민족의 영산인 백두산까지의 국토종주하는 날을 조바심치고 있다. 하지만 금강산은 내 소원을 들어줄 기미가 없다.

—《현대수필》 2021. 겨울호 /《수필과 비평(전북)》 2021. 7

4.
서사문학의 산실 주몽 신화

　우리 민족 신화는 그리스 신화와 함께 고대 서사문학의 꽃이다. 또한 우리 민족의 뿌리가 단군 신화라면 고구려의 뿌리는 주몽 신화인 동시에 서사문학의 산실이라 할 수 있다. 고구려를 창업한 주몽 신화는 하늘에서 내려온 천손강림, 알에서 탄생한 난생설화, 동물양육, 버려진 아이 등 다양한 서사 문학으로 전승되고 있다.
　MBC 인기드라마 '주몽'은 고조선의 멸망과 고구려가 건국될 때까지의 서사 문학의 이야기를 진솔하게 그려서 국민들에게 큰 반향을 일으켰다. 주몽이 태어난 부여는 한나라에 굴복하며 살아가는 부속 국가였다. 주몽은 부속 국가의 왕보다 한나라와 어깨를 견주는 고구려를 건국하는 데 온 힘을 쏟아부었다. 영표 왕자처럼 구중궁궐에서 주지육림에 빠지기보다 상단에서 경제를 배우고 새로운 세상을 꿈꾸며 모험과 도전을 마다하지 않았다. 주몽의 용병술과 위대함이 빛나는 혁신과 열정의 표본이 아닐 수 없다. 하지만 고구려 초기 수도였던 졸

본성에 대한 문헌과 역사학자의 의견이 분분해서 올바르게 정립해야 할 과제가 아닐 수 없다.

 이에 화자는 유구한 역사를 자랑하는 고구려를 창업한 주몽의 얼이 서린 발자취를 찾아 중국 요녕성(랴오닝성) 환인(환런)에 위치한 졸본산성을 답사했다. 멀리서 바라본 졸본산성은 천인단애를 이룬 난공불락의 요새지처럼 느껴졌다. 고구려를 창업하고 사 십 년 동안 웅대한 꿈을 펼쳤던 주몽의 혼이 살아 숨 쉬는 듯했다.

 그런데 중국은 졸본산성 입구에 오녀산산성으로 왜곡된 표석을 세워놓았다. 이른바 '비류수(혼강)에서 악행을 일삼던 흑룡과 다섯 딸이 하늘에서 싸우다가 함께 땅에 떨어져 죽었다'는 의미였다. 다섯 명의 여자 얼굴을 닮은 산이라는 설도 있다. 산정에는 '구름이 바다를 이루고 소나무가 파도를 이루며 하늘과 맞닿았다'는 의미의 '운해송도'라고 쓴 표석을 세웠다. 정상에 서면 주민들이 혼강(渾江)으로 부르는 압록강 지류를 막아 축조한 환인댐(환룡호)이 한눈에 들어온다.

 졸본산성에는 넓은 성터가 있는데 서문 쪽의 성이 낮고 남쪽의 성은 높은 편이었다. 쌀 창고와 금붕어가 사는 서천지(샘터)등으로 이루어졌다. 졸본산성의 북서쪽에는 부처 머리 형상인 불두암이 서 있다. 그 왼쪽엔 일명 등운봉으로도 일컫는 비래봉이 벼랑 끝에 아슬아슬하게 매달렸다. 아무래도 두 산봉우리는 고구려 초기의 두 번째 수도였던 환인 백성들의 숭배의 대상이었을 성싶다.

　오늘날 환인 주민들은 비싼 전기료 때문에 전등 하나만 켜고 살 정도로 팍팍하고 곤궁한 삶을 살고 있다. 고구려 유민들의 발자취가 서린 요녕성 주변엔 옥수수밭이 끝없이 이어지고 가는 곳마다 인민들의 궁벽한 삶이 묻어났다. 또한 중국의 동북공정에 의한 고구려사의 왜곡으로 점철된 아픔의 역사가 곳곳에 도사리고 있었다.

　우리 민족의 기상이 넘치고 만주까지 영토를 확장했던 옛 고구려의 땅이 점차 왜곡된 문화로 변질되어 통한의 울분을 삼켜야 했다. 만약 주몽이 환생한다면 우리는 뭐라고 변명해야 할 것인가.

―《새전북신문》 2021. 11. 5 /《전북문예창작》 2021. 9 /《전북펜문학》 2021. 9

5.
잊힌 고려강(高麗江)

　예로부터 만주인들은 고려와 만주의 국경을 이루는 두만강을 고려강이라 불렀다. 고려강은 우리나라, 중국, 소련과 국경을 이루고 있기 때문에 역사상 매우 중요한 강이었다. 그런데 중국이 국력이 나약해진 우리나라의 고유지명인 고려강을 몰아내고 유래가 불분명한 두만강을 들여 앉혔다. 설상가상으로 중국은 우리 민족의 영산으로 숭배되는 백두산의 이름을 몰아내고 그 자리에 장백산(청바이산) 유네스코 세계지질공원으로 등재하였다. 우리 민족의 뇌리에서 잊힌 고려강과 중국 역사로 바꾸려는 동북공정에 의해 빼앗긴 백두산을 생각할 때마다 가슴이 아린다.

　역사적으로 볼 때 고려강은 대륙교류의 관문 역할을 하였다. 여기에 우리나라·중국·소련의 세력 각축장인 동시에 완충지대로서의 그 기능을 담당해왔다. 그런데 고려의 국경 문제를 놓고 우리의 문헌마다 학설이 분분하다. 조선 후기 《동여지도》(고려 동북면의 지도)에는 국경이 공험진과 선춘령(先春

嶺)의 옆에 남쪽으로 두만강까지 칠백 리라고 적어 놓았다. 《세종실록》(지리지)에는 고려 예종 때 윤관이 공험진의 선춘령에 경계비를 세웠다고 기록돼 있다. 하지만 한백겸의 《동국지리지》에 의해 고려의 국경이 함경도 길주 이남 설이 비정되기도 했다.

나는 눈부시게 발전한 중국 투먼(도문)에서 고려강(두만강) 사이로 바라보이는 북한의 초라한 남양시를 견줘보며 이 강의 속살을 들여다봤다. 중국에서 주장하는 명칭으로 굳혀진 두만강의 유래를 고찰해 보면 석연치 않은 점이 많음을 알 수 있다. 예컨대 《한청문감 漢清文鑑》 만주지명고(滿洲地名考)에서는 두만강의 별칭으로 고려강(高麗江)·도문강(圖們江)·토문강(土們江)·통문강(統們江)·도문강(徒門江) 등이 있다고 하였다. 새가 많이 모여드는 골짜기라는 뜻의 도문색금(圖們色禽)에서 색금을 뗀 도문이라는 여진어(女眞語) 자구(字句)에서 비롯되었다는 주장도 있다. 《한청문감》의 동문유해(同文類解)에서는 원나라 때 지방 관제에 만호(萬戶)·천호(千戶)라는 관직이 여진어로 '만호'를 '두맨'으로 발음된다 하여 이를 한자로 표기한 것이 '두만강'이라고 하였다.

우리나라에서 세 번째로 긴 고려강(두만강)은 백두산 동남쪽 대연지봉의 동쪽 기슭에서 발원하여 양강도와 함경북도를 지나 동해로 흐른다. 조선 초기에 그 강을 경계로 육진(六鎭)을 쌓았다. 숙종 때는 백두산에 정계비를 세우고 두만강과 압록강을 국경선으로 확정지었다. 그 뒤 백두산정계비에 쓰여 있는 동위토문(東爲土門)이라는 자구 속의 토문이 두만강이라고 청나라 측이 주장하여 결국 간도 지역은 중국 영역으로 넘어가고 말았다.

일제강점기에는 농토를 빼앗기고 고향을 등진 사십만 명의 조선 유랑민들이 북간도에 정착한 뒤 이 강에 의지해 한 많은 삶을 살았다. 《조선왕조실록》에는 두만강에 대한 기록이 많다. 조선조의 창업을 기린 〈용비어천가〉에서는 이성계의 성장지인 영흥·함흥·경흥 등이 그와 그의 선조들이 행한 이적의 배경이나 활동 무대로 등장하고 있다. 두만강을 배경으로 한 대표적인 민요로는 〈애원성 哀怨聲〉을 꼽을 수 있다. 함경도의 북청 등에서 널리 불렸던 이 민요는 남편을 두만강 건너로 떠나보낸 여인의 이별의 슬픔을 토로한 노래다.

두만강이 문학적 배경으로 등장하는 것은 개항 이후 근대문학에 와서였다. 이는 최서해·김동환·김기림·한설야·이용악 등 동북 지방 출신 문인들의 왕성한 작품 활동 속에서 암울했던 식민시대의 모습이 잘 드러나 있기 때문이다.

이 밖에 두만강은 민족 문학의 장으로 한국 문학사에서 자주 거론되고 있다. 예컨대 김동환이 지은 〈국경의 밤〉은 한국 최초의 현대 장편 서사시다. 두만강 유역을 배경으로 전개되는 밀수꾼과 간도로 이민 가는 이사꾼들이 느끼는 불안감과 참담함이 잘 표출되어 있다. 『고국』과 『향수』는 최서해의 초기

작품으로 자전적 요소를 많이 띠는 '빈궁문학'에 속하는 두만강 변을 무대로 하는 이야기다.

안수길의 장편소설 『북간도』는 한말 함경도 종성부에 거주하던 주인공이 두만강의 하중도에서 개간을 하다가 북간도 용정으로 이주한 뒤 그의 후손들이 동북아시아의 숨 가쁜 격동기를 겪고 광복 때까지의 눈물겨운 북간도 개간사를 담고 있다.

두만강을 소재로 한 영화로 대표적인 것은 〈두만강을 건너서〉다. 주인공이 일제에 의하여 군대가 해산되자 가족과 북간도로 유랑의 길을 떠났으나 마적단의 습격을 받아 식솔을 잃고 독립군의 나팔수로 활동하는 이야기다. 나운규는 이 작품에서 민족적 수난을 영상화하였으나, 일제 검열에서 대부분 삭제된 뒤 상영되어 빛을 잃고 말았다.

간도의 소설가로 알려진 강경애는 『두만강 예찬』에서 간도(間島)를 알려면 두만강부터 알아야 한다고 설파했다. 간도로 이주했던 조선 유랑민 사십만 명이 이 강을 건너 만주 땅으로 정착한 길이자 민족 대이동의 통로였던 연유다.

우리 민족에게 잊힌 고려강은 일제강점기에 조국을 잃은 젊은이들의 달랠 길 없는 회한과 분노와 절망, 굴욕과 원망으로 점철된 고뇌의 무대가 아닐 수 없다. 오늘도 민족의 설움과 처절한 역사적 비극을 가슴에 새긴 채 말없이 흐르는 고려강은 우리 역사의 산증인이 아닐 수 없다. 잊힌 고려강이 눈앞에 어른거릴 때마다 나약한 국력이 참으로 원망스럽다.

— 《행촌수필》 2024. 5

6.
정복군주 광개토대왕

　광개토대왕은 고구려 역사에서 가장 위대한 제왕으로 평가받는 인물이다. 그는 재위 동안 광활한 영토를 확장한 정복군주였다. 잦은 전쟁에도 불구하고 풍족한 백성들의 삶을 위해 노심초사했던 애민군주로 백성에게 사랑을 듬뿍 받았다. 뛰어난 용병술로 북방의 연나라 침략과 남쪽의 백제와의 전쟁으로 절체절명의 위기였던 고구려를 부국강성의 나라로 만들고 영토 확장에 성공한 군주였다. 그의 아들인 장수왕은 아버지 업적을 기리기 위해 영토의 북쪽 국내성에 광개토대왕비를 건립하였고, 남쪽 백제와의 경계인 충주에는 고구려비를 세웠다.

　열일곱의 나이에 고구려 임금으로 등극한 광개토대왕은 아들인 장수왕과 함께 눈부신 영토 정복활동을 펼친 부전자전의 전범을 보여준 영웅이었다. 고구려 영토는 국내성을 중심으로 북쪽 요동지역 만주 대부분과 연해주 지역까지 확장했다. 남으로는 한강 이북의 백제와 신라와 국경을 이뤘으며, 장수왕은 평양으로 수도를 옮겨 영토를 더욱 확장시켰다.

고구려의 두 번째 수도였던 지안시(輯安市) 외곽에 위치한 광개토대왕의 유적지는 일본과 중국에 의해 수난을 당하고 있음이 여실히 드러났다. 만주 침략을 위해 파견된 일본군 장교는 비문의 내용이 일본 고대역사에 불리하다고 판단해 글씨를 돌로 쪼아 변조시켰다. 그리고 일제는 '임나일본부설'에 의해 고구려의 역사를 자기네 식민의 역사라고 우기고 광개토대왕비를 약탈하려다가 수포로 돌아가기도 했다. 일본 역사학자마저도 자국의 주장을 인정하지 않는 분위기가 팽배한 데도 그랬다.

중국은 동북공정에 의해 고구려 유적을 세계문화유산으로 등재하면서 광개토대왕비를 호태왕비(好太王碑)로 고치면서 중국 소수민족 유적으로 왜곡시키는 만행을 저질렀다. 중국은 마지못해 그동안 방치해 왔던 광개토대왕비를 누각을 지어 옮겼다.

만주벌판을 호령했던 고구려 광개토대왕의 발자취가 서린 중국 지린성(吉林省 옛 만주) 지안시(輯安市)에 위치한 광개토대왕 유적지 주변에는 외화벌이 혈안이 된 중국 잡상인과 노점상들로 득실거렸다. 게다가 거대한 광개토대왕 능은 도굴꾼들에게 훼손당해 봉문의 돌이 무너진 상태로 방치되고 있어 가슴이 아렸다.

광개토대왕 능과 달리 장수왕 능은 의외로 보존상태가 양호해 한숨 돌렸다. 장수왕 능 옆에는 왕비와 공주의 무덤을 북방식이 아닌 남방식 고인돌 무덤으로 안치했다.

국내성은 지안시가지의 강변을 따라 축조되었다. 서문 성터는 아파트단지 뒤로 울타리처럼 쌓여있어 비교적 원형이 잘 보존되고 있었다. 하지만 동·서·남문의 세 개 석성은 개인 주택 담장으로 사용되는 등 훼손 상태가 심각한 수준이었다. 한국은 중국의 '동북공정'과 일본의 '임나일본부설'로 왜곡되고 수난당하는 광개토대왕의 유적과 고구려 역사를 수수방관하고 있는 모양새다. 부디 정부는 영토 확장의 군주인 광개토대왕의 경외심 고양과 고구려 역사 바로 세우기에 팔 걷고 나서야 한다.

― 《행촌수필》 2024. 5 / 《전북펜문학》 2021. 9 / 《문예창작회》 2021

7.
잊힌 천리장성

　우리 민족의 뇌리에서 잊힌 천리장성을 떠올릴 때마다 선조들에게 죄지은 심정이다. 고려장성 또는 박작성으로도 불리는 천리장성은 고려의 북쪽 변방에 쌓았던 중요한 성이다. 우리 민족의 젖줄인 압록강을 사이에 두고 천리를 국경을 삼아 쌓은 그 성은 거란족과 여진족과 국경을 설정해 침입과 문화, 혈통적 혼요를 방지하는 데 중요한 역할을 해왔다. 중국의 역대 왕조가 만리장성을 자랑거리로 내세웠다면 천리장성은 우리 민족의 상징이었다. 천리장성은 고려 덕종왕이 평장사 유소로 하여금 관방을 쌓게 했다. 압록강 어귀로부터 의주와 평남 맹상, 평북 운산, 함남 영흥과 연결 동해로 이어지는 한국 역사상 가장 큰 규모였다.
　그 성은 정종 때 완성되어 오랫동안 우리의 튼실한 북방 방어선 구실을 해왔다. 지금도 의주지역 여러 곳에서 그 유적을 찾아볼 수 있다. 하지만 중국은 우리 민족의 영산인 백두산을 장백산으로 왜곡했듯이 천리장성도 호산산성으로 왜곡시켜 우리 민족의 자존심을 건드렸다. 만리장성의 동쪽 끝 출발점도 하북성의 산해관이 아니고 호산산성이라고 우겼다. 중국인들이 만리장성의 동단(東端)-기점(起點)으로 왜곡시켜놓은 안내판 앞에서 목울대까지 치밀어 오르는 울분을 다잡았다. 그리곤 고구려와 발해를 지켜왔던 선조들의 얼을 떠올리며 옷깃을 여몄다.

중국인들은 산의 형상이 호랑이의 형국이라는 의미로 호산산성(虎山山城)이란 현판을 삼층의 성루에 내걸었다. 성루에 올라서니 어즈버! 그 성을 지켰던 고려의 병사들은 간곳없고 중국인 사진사가 화자를 맞았다. 산줄기를 따라 양측에 석축을 쌓아 총과 활을 쏠 수 있도록 성을 쌓았는데 성루바닥의 훼손 상태가 심각했다, 요소마다 우리 민족의 얼이 서린 아홉 개의 누각이 우뚝 서서 웅장함을 뽐냈다. 압록강과 주변 마을들이 한눈에 잡히는 훌륭한 조망처였다. 거란족과 여진족들의 침입으로부터 지켰던 망루에 서자 고려군들의 함성이 들리는 듯했다. 1호에서 4호 망루까지는 경사도가 완만했으나 제5호에서 최고봉인 6호 망루를 오르는 급경사에서는 한바탕 땀을 쏟게 했다. 북한 땅으로 계속 이어질 것으로 생각됐던 석성은 우측 압록강 변으로 줄달음치다가 끝을 맺었다.

중국과 국경을 이루는 북한 땅 의주군 방산리와 가장 가까이 살을 맞대고 있는 곳은 압록강 국가중점 풍경구에 있는 일보과(一步誇)였다. 여덟 치와 한 자 사이를 일컫는 매우 가깝다는 의미로 지척(咫尺)이라는 표지석을 세워놓았다. 표지석 뒷면에 적힌 명나라 주원장이 압록강을 노래한 시 한 수가 눈길을 끌었다.

어쩌면 우리 후손들은 선조들의 얼이 서린 고구려, 발해, 고려, 여기에 북한 땅까지 잃고 민족과 청사에 씻을 수 없는 방관자가 되고 있는지도 모른다. 우리나라는 중국인들의 머릿속에 현재의 중국 영토에서 전개된 모든 역사를 중국의 역사로 만들기 위해 혈안이 된 동북공정을 너무 안일하게 대처하고 있는 이유다. 더욱이 한국인들이 공자를 중국의 위인으로 손꼽는 데 반해, 중국인들은 만리장성을 완성하고 영토를 넓힌 진시황제와 모택동을 위인으로 꼽고 있는 사실에 주목해야 할 일이다. 우리에게는 중국의 역사로 점철돼버린 천리장성과 고구려와 발해의 영토였던 역사를 바로 세워야 할 사명이 있다.

한 발짝만 훌쩍 뛰면 북한 땅으로 갈 수 있는 압록강변의 일보과 표지석 앞에서 분단의 설움과 선조들의 얼이 서린 잊힌 천리장성을 바라보며 쓰린 가슴을 다독였다.

— 《새전북신문》 2021. 7. 23 / 《전북문단》 2021 / 《석정문학》 2021. 7

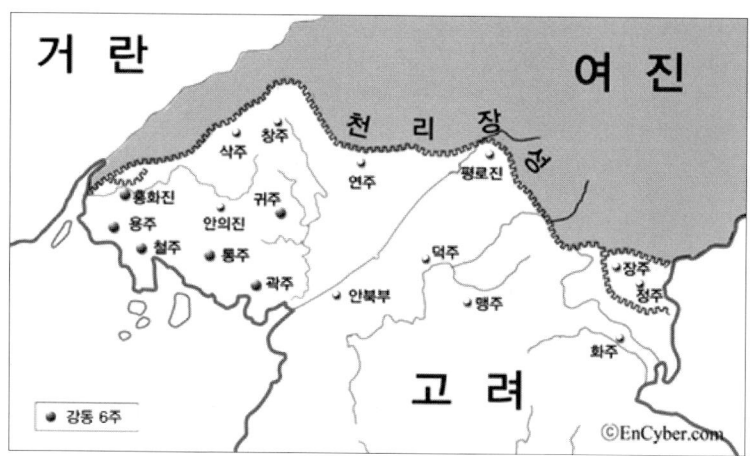

고려의 천리장성 지도 (출처: encyber.com)

제3부

금강, 내 삶의 이정표

KBS-TV 《전주방송》 생방송 2001. 8. 7 / 《전북일보》 칼럼 2021. 8. 21
인천강 발원지 명매기샘에서 — 전북산사랑회원

1.
금강, 내 삶의 이정표

 귀소성과 낙향의 선비정신을 지닌 금강은 내 삶의 이정표다. 삼절의 고장 전북 장수 뜸봉샘에서 태어나 충남, 충북, 대전 등 천리를 휘돌아 전북 군산으로 회귀해서 일생을 마치는 연유다. 여우가 죽을 때 자기의 고향으로 고개 돌리고 죽는 수구초심의 교훈이 아닐 수 없다. 하물며 자연과 미물도 고향으로 돌아오는데 만물의 영장을 자처하는 내 자신은 낙향의 선비정신을 저버리고 고향의 언저리인 전주에 머물고 있어 부끄럽기 짝이 없다.
 비단결같이 굽이쳐 흐르는 금강은 아름답고 수려한 물줄기마다 백제 유민들이 찬란한 역사·문화의 꽃을 피웠던 삶의 터전이다. 산 높고 물이 긴 산고수장(山高水長)의 장수 뜸봉샘에서 발원한 금강은 진안·무주·금산·영동·옥천·보은·대전·공주·부여·논산·강경을 거쳐 군산 금강하구둑까지 천리를 흐른다. 우리나라 6대 강의 하나인 금강은 광활한 땅을 포용하는 후덕한 어머니요, 영원한 정신적 지주로 내 맘속에 남아 백제의 혼과 정신을 일깨워 주는 스승이다.

그런가 하면 나·당연합군에 의해 백제가 멸망하면서 중부권의 역사·문화의 중심이었던 금강 유역의 공주와 부여에서 낙동강 유역인 신라 고도 경주로 옮겨지는 아픔을 안고 있다. 금강은 당서(唐書)에 웅진강(熊津江)으로 기록돼있는데 지금도 공주에는 곰나루라는 지명이 남아있다. 부여 백마강은 소정방이 미끼로 썼다는 백마(白馬)에서 비롯되었다. 금강의 유래도 금(錦)의 원어인 곰에서 비롯됐다는 설도 있다.

화자는 전북의 물뿌리 재발견을 위해 실제 금강과 만경강의 분수령을 이루고 있는 금만정맥(錦萬正脈)과『산경표』상의 금강 유역을 발품을 팔았다. 그 결과 "금강과 만경강의 분수령을 이루는 금만정맥(실질적인 금남정맥)은 완주와 진안의 경계인 금만봉에서 익산 미륵산과 함라산을 거쳐 군산 금강하구둑으로 이어진다."는 사실을 재발견하게 되었다. 만약 금강하구둑이 인위적으로 축조되지 않았다면 금만정맥은 전북 진안과 완주의 경계인 금만봉에서 익산 함라산과 군산 청암산을 거쳐 군산도선장으로 이어진다는 사실도 알게 되었다.

그리고 전주 KBS-TV의 〈전북의 5대강 뿌리를 찾는 사람들〉이란 생방송 프로그램에 출연하고, 《사람과 산》에 기고해서 산악인들로부터 큰 반향을 일으켰다. 하지만 문헌마다 다르고 일제강점기에 왜곡된 전통 지리가 지금까지 금과옥조로 인용되고 있어 안타까울 따름이다.

금남호남정맥의 분수령에 위치한 장수읍 수분리에 위치한 수분령은 지리적으로 물방울이 떨어지는 방향에 따라 남쪽은 섬진강을 거쳐 남해로 흐르고, 북쪽은 금강을 거쳐 서해로 흘러가게 되어 서로 그 운명을 달리하게 되는 곳이다. 수분령 서쪽 금강 발원지 뜬봉샘이 위치한 원수분(原水分)마을은 고유어로 '물뿌렝이'로 불린다. 물의 뿌리라는 의미다. 선조들의 지명에 대한 혜안에 저절로 머리 숙여진다.

선현들은 『한국지명총람』을 통해 금강의 발원지 뜬봉샘에 대해 "뜬봉은 수분 서쪽에 있는 산으로 장군대좌혈(將軍大坐穴)의 명당이 있는데 역적이 날까 두려워 숯불을 놓고 불을 질러 그 명당자리를 떴다."고 정의하고 있다. 그리고 예전에 나무판자에 '뜬봉샘'이라고 세워놓았던 표지판은 감쪽같이 사라졌다. 그 대신 "태조 이성계가 백일기도를 올리다 조선 건국의 계시를 받은 곳이며, 봉황이 뜬 곳이라 뜬봉샘이라고 했다."는 생소한 안내판이 서 있다. 선현들이 뜬봉샘으로 이름 지은 고유지명을 바꿀 때는 문헌과 전문가의 고증을 거쳐야 한다는 사실을 망각한 듯싶다.

그런가 하면 만성적인 전북지역의 물 부족 해소를 위해 진안군 용담댐의 금강 유역의 물을 완주군 고산까지 도수터널을 뚫어서 만경강 유역으로 물길을 바꾸기도 했다. 산업사회 발전에 따라 자연생태계가 인위적으로 바뀌고 있음을 알 수 있다. 용담댐은 일제강점기에 축조하려고 용지보상까지 끝냈으나, 모 국회의원이 지역구가 수몰되면 낙선될 것을 우려해 댐 건설을 반대하였다. 용지반환과 예산확보 문제 등 우여곡절 끝에 용이 사는 상서로운 곳(潭)을 일컫는 용담에 용담댐이 축조되었다.

금강 유역에 건설된 대청댐은 충남 대덕군과 충북 청원군의 머리글자에서 따온 이름이다. 우리나라에서 소양댐, 충주댐에 이어 세 번째로 큰 댐이다. 충북·대전·충남·전북에 생활용수와 공업용수 공급 그리고 전력 생산을 목적으로 건설되었다.

나는 가끔 25년 전 '전북의 물뿌리 재발견'의 일환으로 발품 팔았던 추억을 되새기며 금강 발원지와 금강 유역을 둘러보는 버릇이 있다. 그런데 안타깝게도 민족의 강이자, 삶의 터전으로 여겼던 금강 유역은 용담댐과 대청댐 축조 등으로 포구의 지명들이 민망할 정도로 강물이 메말라 버렸다. 게다가 태고부터 동식물의 보고로 불리던 금강은 근대화·산업화과정에서 생태계가 파괴되어 '침묵의 강'으로 불리고 있다.

게다가 용담댐 주변에서는 고향을 잃은 수몰민들의 눈물과 한숨 소리가 귓전을 맴돌고, 대청댐 주변에서는 수질오염과 쓰레기로 몸살을 앓는 강의 신음 소리가 진동한다. 댐 건설 등으로 강물이 메말라버린 금강 유역의 포구는 어머니의 빈 젖가슴이 떠 올려진다.

그런가 하면 금강의 종착지인 금강하구 갯벌지역은 수심이 낮고 조류의 먹이생물이 풍부해서 우리나라의 대표적인 철새 도래지로 각광받고 있다. 서해 낙조와 어우러진 철새들의 군무도 장관을 이룬다. 아무튼 군산 금강하구둑에서 금강은 서해로 흘러들어 천리 여정을 갈무리한다.

필자는 오늘도 천리를 흘러서 고향으로 돌아오는 금강을 바라보며 자연과 동물의 귀소성과 낙향하는 선비정신을 되새기고 있다. 내 삶의 이정표인 금강은 고향을 지키라는 무언의 암시를 주고 있는지도 모른다.

―〈2022년도 전북문인협회 새만금문학제〉 책자 / 『전주의 산하』 2025

2. 호남의 젖줄 섬진강

　중국 춘추 시대 도가(道家)의 창시자인 노자는 상선약수라 해서 물을 가장 중요하게 여겼다. 도도하게 흐르는 섬진강을 바라볼 때마다 노자의 상선약수를 연상하게 된다, 전북 진안 데미샘에서 발원해서 전남 광양만까지 흐르는 섬진강은 발길 닿는 곳마다 선조들의 숨결이 서린 문화유산의 보고다. 호남의 젖줄인 섬진강에 들면 수려한 자연환경과 문화유산의 소중함이 저절로 느껴진다.
　섬진강 유역에는 이성계의 조선 창업 설화가 서린 마이산과 회문산, 신라의 고찰 쌍계사. 민족의 영산 지리산 품에 안긴 화엄사, 천은사, 연곡사 등과 남원 광한루, 조선 사대부의 로망인 구례 운조루, 하동의 악양정, 구례의 일곱 의사의 묘 등 수많은 문화유적을 간직하고 있다.
　섬진강 상류인 임실군 강진면과 정읍시 산내면 종성리 사이에는 우리나라 다목적댐의 효시이자, 국내 최초로 건설된 칠보수력발전소가 있다. 이 댐에는 칠보발전소 취수 터널과 동진강 유역의 김제 광할간척지와 계화도 간척지에 물을 공급하기 위한 도수로가 축조되었다. 이 댐은 수량이 턱없이 모자라는 동진강 유역에 섬진강 물을 흐르도록 물길을 내줬다. 이에 임실 운암의 섬진강댐 수몰민들은 간척지인 계화도에서 고향의 물을 먹고 농사를 짓고 살아야 할 숙명이다.

임실 덕치면 물우리는 섬진강 댐 물을 방류하거나 홍수 때는 어김없이 마을이 고립되어 물 때문에 근심(憂)해야 하는 마을이다. 김용택 시인의 고향 임실 진뫼마을을 지나 순창 천담리에 이르면 섬진강은 영화 〈아름다운 시절〉의 촬영 무대이자 물이 휘돌아 가는 곳에 여근곡(여자 성기)이 살포시 얼굴을 내민다. 그 너머 임실 사곡리에는 변강쇠의 심볼처럼 불끈 솟은 남근석이 도사리고 있어 음양의 조화를 이루고 있다.

순창 용궐산 아래 적성강 변에는 여성의 성기를 닮은 요강바위와 기기묘묘한 바위들이 요염한 자태를 뽐낸다. 요강바위는 모 조경업자가 몰래 훔쳐 갔다가 되돌려 놓는 수난을 겪기도 했다. 수려한 경관을 자랑하는 이곳에 댐을 축조하려고 했다가 주민들의 거센 반발을 이기지 못해 무산되기도 했다.

섬진강은 순창 적성에 이르면 의견의 고장 오수를 거쳐 온 오수천과 살을 섞고, 유등면에서는 강천산에서 흘러온 경천을 품는다. 순창 남산리는 전통 지리서인 『산경표』를 편찬한 여암 신경준의 태자리다. 그 책은 삼천리금수강산의 산줄기와 물줄기, 그리고 주변 문화가 망라된 오롯한 '한국의 산하'를 담은 불후의 명작이다. 남원 대강과 순창에는 일본인들이 섬진강 위로 철길을 만들다 멈춘 시멘트 교각을 이용해서 조성한 자전거 순례길이 명소로 떠오르고 있다.

　남원 금지에서는 장수 무룡고개에서 발원한 지지계곡과 남원 춘향골을 거쳐 온 요천이 섬진강의 품에 안긴다. 구례 산동에서는 지리산 온천과 만개한 노란 산수유가 봄을 노래하고, 눈부시게 하얀 매화꽃 잎이 바람에 휘날리며 섬진강에서 유영한다. 조영남이 부른 화개장터와 신라의 고찰 쌍계사를 둘러보고 계곡을 따라 오르면 지리산을 울리며 떨어지는 불일폭포가 장관을 이룬다. 그 폭포로 가는 길에 여배우 김여진이 벌거벗고 목욕했던 〈처녀들의 저녁 식사〉란 영화 촬영지가 있는데 그곳은 뭇 남성들의 애간장을 녹였던 명소로 자리 잡았다.

　구례에서는 남한의 삼대 길지요. 하늘에서 떨어진 금가락지 형태라는 운조루가 반긴다. 박경리의 대하소설 『토지』의 배경이 되었던 토지면 연곡사가 있는 피아골은 아직도 동족상잔의 참상과 피비린내가 진동하는 듯하다. 예로부터 섬진강 하류에는 은어. 누치. 자라 등 물고기가 바글바글했던 곳이다. 그런데 섬진강 다목적댐과 주암댐을 막은 뒤부터는 수량과 어족자원이 말할 수 없이 줄었다. 설상가상으로 곡성에 타이어공장이 들어서면서부터 수질오염으로 고기들이 사라지자 주민들의 한숨 소리가 하늘을 찌른다. 지구온난화와 환경오염 등으로 사라진 것들이 어디 한두 가지던가.

화개장터에는 풋고추를 듬성듬성 썰어 넣은 초장에 깻잎과 마늘에 싸서 오독오독 씹어 먹는 섬진강의 별미인 은어회가 일미다. "재첩국 사이소"하고 새벽공기를 가르던 아낙네의 모습은 지금도 아련한 향수로 남아있다. 땅끝인 망덕산은 섬진강의 길이를 측량하는 기점이며 호남의 젖줄인 섬진강은 광양만에서 남해의 품에 안긴다.

광양만은 두꺼비 수십만 마리가 울부짖는 소리를 듣고 왜적들이 도망갔다는 전설 때 문에 섬진강(蟾津江)이란 이름을 얻은 곳이다. 광양만 섬진리에 있는 두꺼비의 조형물은 이 강의 유래를 각인시켜 준다.

'두껍아, 두껍아, 헌 집 줄게 새 집 다오'하는 아이들의 소꿉놀이가 아직도 아련한 추억으로 다가온다. 헌 집은 종족 보존을 위해 자기 몸을 희생하는 어미 두꺼비를 의미하고 새집은 새끼를 뜻하지 않나 싶다. 두꺼비는 비록 미물이지만 위기에 처한 나라를 구한 구국정신과 종족 보존을 위한 상생정신을 겸비한 동물이다. 호남의 젖줄 섬진강 끝자락 광양만에서는 한국민속에 등장하는 업의 상징인 두꺼비의 고귀한 삶을 떠올리며 생명의 존엄성을 깨닫게 된다. 그리고 물을 가장 중요하게 여겼던 노자의 상선약수(上善若水)의 의미를 되새기게 된다.

― 《완산벌에 핀 꽃(영호남수필)》 2022. 5 / 《은빛수필》 2022. 8

3.
풍요와 수탈의 역사 스민 만경강

풍요와 수탈의 역사가 깃든 만경강은 전북인의 생활사와 맞닿아 있다. 전북사람 절반 이상이 호남평야의 젖줄인 만경강에 기대어 살고 있기 때문이다. 본디 신창진(新倉津)의 이름으로 조선 시대까지 사용해 왔는데 일제강점기에 행정구역 통폐합 때 만경강으로 왜곡되었다. 고유지명은 사수강(泗水江)이라는 설도 있다. 전북의 북부를 흐르는 만경강의 어원은 만경현에서 비롯되었으며, 만경(萬頃)은 백만 이랑이란 뜻으로 넓은 들을 내포하고 있다. 만경강 유역은 우리나라 최대 곡창인 호남평야를 품고 있는 풍요로움을 상징하는 땅이다. 일제강점기에 호남평야에서 생산되는 우리의 소중한 양식을 수탈당했던 굴곡진 역사가 스며있다.

화자는 『한국의 강』 저자인 이형석 박사를 비롯한 전북산사랑회 회원들과 함께 만경강의 실제 길이가 81.75km로 발원지는 전북 완주군 동상면 사봉리 율치마을의 밤샘이라는 사실을 재발견했다. 주요 지류도 화평천, 삼천, 전주천, 소양천,

탑천 등을 합류시킨 뒤 서해로 흘러드는 하천이다. 하지만 국어사전을 비롯한 문헌 등에는 전북 완주에서 발원 익산, 김제, 옥구의 호남평야의 중심부를 거쳐 서해로 흘러드는 길이 98km의 강으로 잘못 기록되었고, 발원지도 불투명하다. 일제강점기에 왜곡된 내용을 현재까지 금과옥조로 사용하고 있는 탓이다.

《동국여지승람》은 '하류는 신창진, 상류는 안천(고산천)과 남천(南川, 전주천)으로 기록됐다.' 그리고 '만경은 백만 이랑으로 넓은 들을 뜻하며, 만경강의 본래 이름은 신창진으로 조선시대까지 사용해 왔다.'고 기술하고 있다.

그런가 하면 만경강 유역은 수자원 부족으로 전주는 만성적인 식수난에 시달려야 했다. 이에 수자원이 풍부한 섬진강과 금강의 물에 생명을 의존할 수밖에 없었다.

화자의 삶에도 물에 얽힌 사연이 많았다. 유년 시절에는 의견의 고장 오수에서 섬진강 유역의 오수천 물을 먹고 자랐다. 청년 시절부터는 전주에 살면서 만경강 유역인 신리 수원지(전주천)와 고산의 대아저수지(고산천)에서 취수한 물을 먹었다. 그래도 식수가 부족하자 섬진강 상류인 관촌면 방수리에서 취수한 물로 해결했다. 한때는 금강 하류의 대청댐에서 취수한 악취가 진동하는 물을 먹어야 하는 고역을 치르기도 했다. 장년기에는 금강 상류에 용담댐이 건설된 뒤부터 완주 고산으로 도수로를 뚫어 용담댐에서 취수한 맑은 물을 먹게 되었다. 전주사람들과 만경강 유역에 살면서 금강 유역 용담댐의 맑은 물을 먹고 있는 셈이다.

최근 전북지역의 전통 지리, 인문지리, 하천지리, 풍수지리가 망라된 『전북의 산하』를 엮으면서 만경강 유역의 산과 강 그리고 발원지를 찾을 때마다 가슴 뿌듯함을 느끼곤 한다. 김제 진봉중학교 학생들이 고사리 같은 손으로 발원샘 입구에 앙증맞은 팻말을 세웠다. 그리고 발원샘 주변 늪지에는 올챙이와 도롱뇽 등이 둥지를 튼 새 생명을 잉태하는 생태습지로 변모했기 때문이다. 최근 완주군에서 만경강 발원지인 밤샘을 관광 자원화하기 위해 생태탐방로, 생태 숲길, 산림 쉼터 조성에 적극 나서고 있어 더욱 고무적이다.

불현듯, 25년 전 지형도와 나침반을 들고 전북산사랑 회원들과 만경강 유역의 산줄기와 물줄기를 찾아 발품을 팔고 발원지에 이정표를 세우며 고생했던 일들이 주마등처럼 뇌리를 스치곤 한다. 그들과 전주와 완주 땅을 발품 팔았던 곳은 삼천의 발원지인 완주군 구이면 원악덕 마을 뒤 모악산 남쪽 계곡, 전주천의 발원지인 상관면 슬티 계곡, 화평천의 발원지인 비봉면의 천호산 계곡, 소양천의 발원지인 소양면 신촌 만덕산 계곡 등이다.

그리고 만경강의 본류와 전주천 합류점에서부터 만경강 본류이자 고산천의 발원지가 위치한 동상면 밤티마을을 향해 걸었다. 밤티마을과 예인촌 음식점을 지나 옥류 소리가 들리는 계곡을 따라 한 시간쯤 구슬땀을 흘리며 금남정맥의 보룡고개에 닿았다. 용이 여의주를 가지고 노니는 그 고개는 금강과 만경강이 나뉘는 금남정맥의 분수령으로 전주와 진안을 잇는 국도가 지나는 길목이다.

지도를 놓고 위치를 확인한 뒤 보룡고개에서 임도를 따라 밤티마을 방향으로 되돌아 내려가다가 가시덤불을 헤치고 계곡으로 들어서자 가뭄인데도 신기하게도 늪지에서 물이 솟아나고 있었다. 이형석 박사가 "이곳이 만경강 하구로부터 가장 먼 곳이기 때문에 만경강의 발원지가 틀림없다."고 격앙된 목소리로 외쳤다. 회원들이 일제히 "야호!" 하고 환호성을 질렀다.

화자가 "옛적에 밤나무가 많아서 밤 율(栗)을 쓰는 율치(밤티)마을에 위치해 있으므로 발원샘 이름을 '밤샘'으로 명명하자."고 제안했다. 그러자 전북산사랑회원들과 강봉희 이장, 이형석 박사 등이 모두 찬성했다. 이렇게 해서 만경강 발원샘이 탄생되는 극적인 순간을 맞았다.

2001년 7월 29일, 만경강 발원샘 조성을 위해 새벽부터 회원들의 움직임이 분주했다. 늪지라서 솟아 나온 물이 고일 수 있도록 고무통을 땅에 묻은 뒤 다섯 시간에 걸쳐 석축 쌓았다. 만약 이곳에서 물이 솟아나지 않았을 경우 자칫 이곳보다 거리가 250m가 짧은 완주군 구이면 모악산 남쪽에서 발원하는 삼천이 발원지가 될 뻔했다. 밤샘 발원지에 이정표를 세우고 정성스럽게 산신제를 올렸다. 2001년 8월 7일 방영될 전주 KBS-TV의 '생방송 전북은 지금'이란 주제의 〈전북의 5대강 발원지를 찾는 사람들〉이라는 프로그램 촬영도 병행되었다.

만경강 하구에는 미래 세대에게 풍요로운 삶을 물려주고, 국토의 균형개발과 서해안 시대의 중심으로 부상하려는 '새만금개발사업'이 진행되고 있다. 그리고 군산에서 부안을 잇는 세계에서 가장 긴 33km의 방조제를 축조해서 1억 2천만 평의 새로운 땅이 생겨났다. 만경강의 길이도 늘어나고 우리나라 지도 중 서해안이 호랑이가 임신한 형상으로 변했다.

《법구경》에 '쉬지 않고 계속하면 마침내 이루어진다. 저 시냇물이 흘러 흘러 마침내 바다로 가듯.'이란 구절이 있다. 화자는 이 《법구경》의 구절을 가슴에 새기며 『전북의 산하』 집필을 위해 만경강 유역의 산과 강을 다시 세심하게 살피며 걷고 있다. 산과 강은 내 삶에 새로운 활력을 불러일으키는 원동력이기 때문이다.

—《임실문협》 2023. 4

4.
도작문화의 발상지 동진강

선사시대 문화를 살펴보면 일찍이 하천 연변에 전통적인 농경문화가 싹트기 시작했음을 알 수 있다. 선조들은 치산치수는 동국지대본이라 하여 정치와 경제의 관건으로 여겼다. 예로부터 동진강은 정읍. 김제. 부안의 지역민과 삶을 함께해왔으며, 동진강 유역은 우리나라 도작문화의 발상지였다. 삼국시대에 축조된 김제 부량면의 벽골제, 정읍 고부의 눌제(訥堤) 등은 벼농사에 사용할 물을 저수한 고대 수리시설이었던 연유다. 벽골제와 눌제는 익산의 황등제와 함께 삼호(三湖)로 불렸다. 김제의 옛 이름인 벽골(碧骨)은 벼 고을의 이두음이고, 통일신라 시대부터 출발한 현재의 이름인 김제도 벼를 황금과 같이 귀하게 여겼던 농본사상에 바탕을 두고 있다.

그런가 하면 농민들의 재물을 수탈하는 관리들에게 분연히 일어선 전봉준과 동학혁명농민군의 의기와 함성이 서려 있는 곳이다. 예전의 동진강은 하구가 낮아서 홍수와 사리가 겹칠 때는 신태인 부근까지 물이 들어오기도 했다. 1900년대에는 부안군 동진면 문포에서 상서면 고잔리 목포까지 곡식을 실어 나르는 수십 척의 배가 드나들었다. 계화도 갯벌에서 잡히는 백합은 조선 시대에 왕궁의 진상품으로 그 진가를 날렸다.

도작문화의 발상지 동진강은 부안군 동진(東津)면에서 따온 이름으로 동쪽의 나루라는 의미다. 동진면의 지명은 일제강점기에 산동면, 일도면, 이도면, 서도면 일부의 행정구역을 통폐합해서 왜곡시킨 이름이다. 동진강의 발원지도 정읍군 산외면 풍방산에서 발원하여 황해로 흐르는 길이 44.7km라고 왜곡시켰다. 조국이 해방된 지 팔십 년이 되도록 일제강점기에 조선총독부가 왜곡해서 발간한 『조선하천조사서』의 기록을 금과옥조로 사용하고 있는 안타까운 현실이다.

이에 화자는 전북산사랑회를 창립하고 회원들과 일제강점기에 왜곡된 우리 전통지리 부활과 전북의 5대강 발원지를 바로잡는 일에 팔을 걷어붙였다. 우리나라 전통지리서인 신경준의 『산경표』, 건설교통부의 『한국하천일람』, 이형석의 『한국의 강』을 손에 들고 전북의 5대강 발원지인 금강(뜸봉샘), 섬진강(데미샘), 만경강(밤샘), 동진강(까치샘), 인천강(명매기샘) 유역의 물줄기를 누볐다. 그리고 섬진강 발원지인 데미샘을 발굴한 『한국의 강』 저자인 이형석 박사를 초빙해서 전북산사랑회원들이 발굴 만경강, 동진강, 인천강 발원지에 대한 고증을 거쳐 표지판을 설치하였다.

이로써 동진강은 내장산 까치봉 북동계곡 까치샘에서 발

원하여 정읍. 김제. 부안을 거쳐 서해로 흘르드는 길이 51km의 물줄기로 인정받게 이르렀다. 전북특별자치도의 도조(道鳥)가 까치라서 그 의미를 더해 주고 있다. 선현들은 『증보문헌비고』 산천조를 통해 '동진강은 정읍 내장산에서 발원 정읍천으로 흘러 이평평야에 이르고, 태인천은 상두산에서 발원한다'고 말해주고 있다. 이는 동진강의 발원지를 내장산 까치봉이라고 주장하는 이형석 박사의 『한국의 강』과 건설교통부에서 발간한 『한국하천 일람』을 비롯한 전북산사랑회 회원들의 의견을 입증해 주는 소중한 자료가 아닐 수 없다.

이와 같은 기록들은 『전북백대명산을 가다』와 전주 KBS 생방송(전북의 강 뿌리를 찾는 사람들), 전북도문화관광해설사 강의 교재 등에 발표하였다.

그런가 하면 동진강 유역은 농경지가 많은 데 비해 만성적인 물 부족난에 시달려야 했다. 이러한 물 부족난을 해결하기 위해서는 수자원이 풍부한 섬진강 유역에 의지할 수밖에 없었다. 이에 일제(日帝)는 우리 농수산물 수탈에 목적을 두고 섬진강 상류에 운암댐을 축조한 뒤, 임실군 운암면 운정리 굴등(窟䧜)에 취수구를 설치했다. 아울러 호남정맥의 성옥산 중턱에서 정읍시 산외면 종산리 팽나무정 계곡까지 도수터널을 뚫어 섬진강 물이 동진강 유역으로 흐르도록 물길을 바꿨다. 그리고 운암발전소를 산외면 종산리에 완공했으나 폐쇄하였다. 1945년에는 옥정호의 제2도수로를 정읍시 산외면 장금리에서 칠보면 시산리의 칠보발전소까지 뚫어 섬진강물로 발전한 뒤 김제시 광활간척지의 젖줄로 이용하였다.

조국이 해방된 후 부안군 계화도간척지에 농업용수를 공급하기 위해 임실군 운암댐 아래에 섬진강다목적댐을 축조했다. 이로 인해 임실군 운암면 경지면적의 70%와 팔백 가구, 구 운암댐 등이 수몰되었다. 아울러 1963년부터 15년에 걸친 대역사 끝에 국내 최대 규모의 4천 헥타르에 이르는 계화도간척지가 탄생되었다. 부안군 계화도에는 옥정호 수몰민 이주를 위해 주택이 마련되었고, 수몰민 1992세대가 입주하여 쌀농사를 짓기 시작했다. 섬진강다목적댐의 물은 도수로를 통해 계화도간척지 내에 있는 청호저수지에 담수되어 농업용수와 식수로 이용되고 있다.

아이러니하게도 임실군 운암면과 정읍시 산내면 일대의 옥정호 수몰민들은 계화도간척지로 이주하여 삶의 터전과 고향 땅을 삼켜버린 옥정호 물을 먹고 살고 있다. 하지만 대부분의 수몰민은 계화도에 살지 못하고 수몰된 고향 주변의 산기슭 등에서 농작물을 경작하며 고단한 삶을 살거나 도시로 뿔뿔이 흩어졌다. 이는 15년에 걸친 지지부진한 계화도 간척공사 때문에 정착지를 찾지 못하고 이주증서(일명 딱지)를 외지인들에게 헐값으로 팔아 넘겨버렸던 탓이다. 설령 이주증서를 간직하고 있었던 수몰민들도 간척지가 농경지로 전환되는 과정에서 염분으로 빨갛게 타죽어 가는 농작물을 바라보며 숯검정처럼 타들어 가는 가슴앓이를 할 수밖에 없었다. 새로운 땅에서 희망과 미래인 부농의 꿈을 약속했던 정부의 허울 좋은 이주 증서는 실향민들의 아픔만 더해 준 한낱 종이쪽지에 불과했던 탓이다.

더욱 가슴 시린 것은 섬진강의 물이 동진강 유역 농경지의 젖줄이 되기까지 옥정호 수몰민들의 피눈물과 실향의 아픔이 스며있다는 사실이 세인들의 뇌리에서 점점 잊히고 있다는 점이다. 설상가상으로 새만금간척사업으로 33km의 방조제가 축조되면서 계화도는 섬에서 육지로 변해버렸다. 이에 만경강과 동진강 하구의 지도와 자연환경이 바뀌고, 삶의 터전을 잃은 주민의 한숨 소리가 진동하고 있다.

동진강을 볼 때마다 옥정호 수몰민과 두 번의 간척으로 가슴앓이하는 계화도 지역민들의 애환이 가슴을 울린다. 부디 위정자들은 국토개발계획 수립에 앞서 민의와 예로부터 선조들이 동국지대본으로 여겼던 치산치수를 생각해야 할 일이다.

—《임실문협》 2023. 5 / 《수필과 비평(전북)》 2022. 8

5.
치산치수의 표본 인천강

"흐르는 것은 신이 빚은 아름다운 곡선이다."는 말이 있다.
산경(山經)은 산줄기의 흐름이며, 수경(水經) 물줄기의 흐름이고, 신경(神經)은 인체의 신경줄기의 흐름을 의미한다. 나는 유유히 흐르는 물줄기와 파노라마처럼 춤추는 산줄기, 그리고 인체를 흐르며 생명을 지탱해 주는 신경을 생각할 때마다 신이 빚은 아름다운 곡선과 같다고 생각하게 된다.
무더위가 기승을 부리던 2001년 7월, 우리 전통 지리서인 『산경표』 부활운동과 전북의 5대강 뿌리찾기 사업에 매료된 마니아들이 고창의 젖줄인 인천강 발원지인 명매기샘에 모였다. 전북의 육십 개소의 명산과 전북 5대강 발원지 이정표 설치사업을 갈무리한 뒤, 이를 언론에 발표하고, 그 결과물인 『전북의 100대 명산을 가다』로 엮기 위해서였다.
그동안 인천강(仁川江)은 고창의 젖줄이자 전북의 5대강 중 하나임에도 불구하고 발원지와 강의 이름조차 생소했다. 게다가 인천강은 일제강점기에 왜곡된 이름이 오늘날까지 공부상 주진천으로 등재되어 있는 아픈 역사를 간직하고 있다.

인천강의 발원지는 『한국의 강』 저자인 이형석 박사, 칠성마을 채재식 이장, 이기화 고창문화원장 등의 고증을 토대로 전북산사랑회원들과 협의하여 '명매기 샘'으로 명명했다. 명매기는 꼬리 부분에 흰 줄이 있는 제비의 사촌쯤 되는 철새로 인천강발원지가 위치한 명매기골에 이 새들이 많이 서식했기 때문이다.

화자는 '전북의 5대강 뿌리찾기 사업'의 일환으로 인천강발원지인 명매기샘을 발굴했던 그때를 떠올리며 빙그레 미소를 머금는다.

고창군 고수면 은사리 칠성마을의 수량동을 거쳐 잡목을 헤치고 산 중턱에 오르자 천연으로 이루어진 옹달샘 옆에 흰 주발 하나가 덩그렇게 놓여 있었다. 농부들이 농사일을 하다가 그 샘물로 목마름을 달래던 흔적을 말해주려는 듯 샘에서 가재 몇 마리가 반갑게 이방인을 맞았다. 몇 시간 동안 회원들이 비지땀을 흘린 덕택에 명매기샘 진입로 개설과 명매기샘 표지판을 설치할 수 있었다. 누가 먼저라 할 것도 없이 회원들이 서로 얼싸안고 그동안 전북의 5대강 발원지 발굴과 조성을 위해 고생했던 일을 서로 격려했다. 정성스럽게 준비한 음식으로 제를 올리며 빙그레 웃는 돼지머리의 귀·입·코에 돈을 꽂았다. 마치 돼지에게 천당 가라고 기원하며 노자를 주는 것 같아 웃음이 절로 나왔다.

수량동(水浪洞)이라는 지명이 인천강발원지가 있는 곳을 암시해 주고 있어 조상들의 지명에 대한 혜안에 절로 고개 숙여진다. 그러나 과거 일곱 가구가 살았던 수량동마을은 폐촌이 되고 주인 잃은 농경지엔 잡초가 무성했다. 오늘날 우리네 농촌의 현주소를 대변해 주고 있어 입맛이 씁쓸하다. 인천강발원지가 위치한 명매기골 뒷산은 능선이 길어 진등(긴등)이며, 풍수지리상 구렁이 혈이라서 명매기가 알을 낳으면 구렁이가 먹는다는 전설을 간직하고 있다. 수량동 남쪽에는 천년고찰 문수사가 있고, 동쪽은 전남 장성과 전북 고창의 경계를 이루는 들독재가 있다. 옛적에 들독을 들어 힘 자랑하던 장정들과 들독은 간 곳 없고 정적만 감돈다. 들독재는 고창의 용맥인 영산기맥이 고창을 거쳐 목포 유달산까지 뻗어가는 마루금이다.

명매기샘에서 시작된 인천강의 물줄기는 31km를 유유히 흘러가며 고수면, 고창읍, 아산면 등의 젖줄이 되다가 선운산의 경수봉과 소요산 사이를 거쳐 서해의 곰소만(줄포만)으로 흘러든다. 예로부터 인천강의 유역은 비옥한 농경지와 천혜의 보고인 서해어장을 끼고 있어 지리적 조건이 매우 좋았던 곳이다.

인천강의 유래는 조선 명종 때 이 퇴계의 문하생인 인천(仁川) 변성진(卞成振)이 인천강이 아산면을 자주 범람하자 물을 어질게 다스려야 한다는 뜻으로 자기의 호를 따서 명명했다. 그는 조선 중기 고창 출신의 유학자였던 친형 호암(壺嵒) 변성온과 아산초등학교가 있는 인천강 변의 호암 옆에 초당을 짓고 동문수학하며 고을수령에게 치산치수의 중요성을 역설했다. 예로부터 치산치수는 경국지대본이라 하여 정치와 경제의 관건이 돼왔음을 말해주고 있다.

선조들은 산은 스스로 물줄기를 가르고, 물은 산줄기를 넘지 않는다 해서 산자분수령(山自分水嶺)이라 했다. 그리고 강은 인류문명을 잉태하고 양육해 온 공간인 동시에 생명의 근원인 젖줄로 묘사했다. 그러나 작고 유연한 물방울은 단단한 돌을 뚫는 강인함과 치산치수를 게을리하면 인간에게 큰 재앙을 안겨주는 야누스와 같은 양면성을 가지고 있음을 명심해야 한다.

작은 물방울이 모여 계곡, 시내, 강, 바다를 이루다가 하늘로 증발하여 다시 땅에 떨어지는 수문순환(水文循環) 과정을 끊임없이 반복하는 것을 보면 불현듯 인간의 윤회전생(輪廻轉生)을 연상케 된다. 전북의 5대강 발원지를 발굴하기 위해 금강의 뜬봉샘(본래 뜸봉샘), 섬진강(데미샘), 만경강(밤샘), 동진강(까치샘), 인천강(명매기샘) 등을 답사하며 수문순환과 산자분수령의 오묘한 자연의 이치를 깨달았다. 산과 강을 잘 관리하여 백성들이 가뭄이나 홍수로부터 재해를 입지 않토록 치산치수에 노심초사했던 선조들의 지혜를 배웠다.

—《은빛수필》 2022. 8 /《고창의 산하》 2023. 4

제4부

깨달음의 성지 모악산

전주 삼천동에서 본 모악산

1.
모악산 원명(原名)을 톺아보다

　영태를 모신 위대한 어머니 산으로 인식되고 있는 모악산의 지명에 대한 문헌들이 제각각이다. 화자는 40년간 모악산을 구석구석 누빈 자료와 문헌들을 재조명해서 〈모악산 지도〉와 『모악산의 역사·문화』를 발간하여 도민과 탐방객들에게 무료로 제공하였다. 이를 계기로 모악산의 원명(原名)을 톺아 보게 되었다.

　조선 시대 이후 문헌들은 대부분 모악산 정상 동쪽에 위치한 쉰질(쉰길)바우의 모습이 마치 어머니가 아기를 업고 있는 모습 같다 하여 모악산 또는 엄뫼, 큰뫼로 기록해 놓았다. 하지만 《삼국유사》, 《고려사》에 '금산(金山)'으로 기록된 것으로 볼 때 모악산의 원명은 금산이었다. 금산이 모악산(母岳山)으로 불린 것은 조선 시대부터인 것으로 보인다.

　모악산의 원명이 금산인 것은 그 산의 주변의 지명이 모두 금(金)과 관련된 연유다. 그 산이 위치한 행정구역도 김제시 금산면(金堤市 金山面)이고 사찰 이름도 금산사(金山寺)다. 또 그 산

주변에 있는 지명도 하나같이 김제(金堤), 금구(金溝), 금천(金川) 등이 쇠 금(金)을 쓰고 있다. 그리고 일제강점기에 그 산 일대의 금광에서는 석금(石金), 들녘에서는 사금(砂金)을 많이 채취했다. 지금도 그 산 주변에는 광산의 흔적이 곳곳에 남아있어 금이 많이 생산되었던 금산이라는 고유지명을 뒷받침해 주고 있다.

그런가 하면 《동국여지승람》, 《신증동국여지승람》을 비롯한 일부 문헌과 지도에는 '무악산(毋岳山)은 전주부 서남쪽 20리에 있으며 금구에서도 보인다.'고 기술하고 있다. 한자명이 말 무(毋)를 쓰는 무악산(毋岳山)인데 어미 모(母)로 잘못 해석해서 모악산(母岳山)으로 오류를 범하고 있다는 일부 주장도 있다. 《귀신사지》에도 '영조 때 고승 자수무경(子秀無竟)이 쓴 《무경집》에 무악산 귀신사(毋岳山 歸信寺)'로 기록되었다고 나와 있다.

무악산복원추진위원회에서는 1926년 당시 금구공립보통학교의 교가에 '동남은 무악산(毋岳山)과 구정산(구성산)이다.'고 나와 있고, 그 밖에 여러 문헌과 지도에 무악산으로 기록된 것을 근거로 모악산의 명칭 변경을 주장하고 있다. 다만 동 위원회가 주장하는 일제강점기에 모악산으로 명칭이 왜곡되었다는 주장은 와전되었다. 《금산사지》에 "조선의 고어(古語)로 '엄뫼'나 '큰뫼'로 불렸고, 엄뫼는 모악이라 의역(意譯)하였다.'고 기록되었기 때문이다. 따라서 모악산의 지명은 이미 조선 시대부터 불려 왔다는 것이 정설이다.

　모악산에 대한 지명에 대해 《연려실기술》은 '마이산의 산맥은 서남쪽으로 가다가 북쪽으로 뻗어 금구의 모악이 된다.'고 서술하고 있다. 《금산사지》는 '엄뫼나 큰뫼라는 이름은 다 제일 수위(首位)에 참열한 태산(泰山)이란 의미로서 조선의 고대의 산악 숭배로부터 시작된 이름이다. 이것을 한자로 전사(轉寫)할 때에 엄뫼는 모악이라 의역하고, 큰뫼는 큼을 음역하여 금으로 하고 뫼는 의역(意譯)하여 산(山)으로 하였다.'고 기술하였다. 이는 모악산과 금산의 이름을 병행 사용하고 있음을 보여주고 있다.

　《금산사지》에 따른다면 모악산은 큰 산의 의미를 갖게 된다. 그러나 큰 산은 전북지역에도 모악산보다 높고 큰 산이 많은 실정이다. 그렇다면 어째서 큰 산의 의미로 '엄뫼'로 불렀는지 고찰해 볼 필요가 있다. 타지역에서도 어미 모(母)의 의미로 산을 보려 했을 것이다. 그런데 유독 어머니가 아이를 껴안고 있는 쉰질바우 형상의 전설이 우리 지역에서 회자되었는가는 미명(美名)의 측면이 아닌 신화적으로 접근해야 하지 않을까 싶다.

　예컨대 지리산은 한국의 어머니 산으로 지칭되고 있다. 노고단은 신라 시대 박혁거세의 어머니 선도성모를 지리산 산신으로 받들고 나라의 수호신으로 모셔 매년 봄. 가을에 제사드렸던 성스러운 곳으로 여겼다. 반야봉은 천신의 딸 마고할미가 반야와 결혼해 여덟 명의 딸을 낳고 천왕봉에서 살다가 딸들을 8도로 내려보내서 무당의 시조가 되게 했다고 전해 온다. 산은 예로부터 어머니로 민중들에게 인식됐기 때문이다.

모악산이 어머니인 것도 징게맹경외애밋들로 묘사되듯 넓고 비옥한 호남평야에서 도작문화를 발생시켰다. 세계의 명산이 다 그렇듯 모악산 역시 수많은 새 생명을 잉태해낸 문화유적의 산실이라 할 수 있다.

《삼국유사》, 《고려사》에 금이 많이 생산되었다고 서술된 '금산(金山)'에 대한 지명이나 《동국여지승람》과 《귀신사지》에 기록된 '무악산(毋岳山)'의 지명의 가치도 무척 소중할 수밖에 없다.

그럼에도 불구하고 《금산사지》와 〈쉰질바우〉에 근거한 어머니를 상징하는 모악산의 지명에 더욱 애착이 갈 수밖에 없다. 특히 생명을 잉태하고 양육하는 영태를 모신 위대한 어머니 산으로 세인들에게 인식되어 온 모악산의 명칭을 바꾸기에는 그리 쉽지 않아 보이는 연유다. 아무튼 모악산(母岳山)이나 무악산(毋岳山)의 원명(原名)이 금산(金山)이었다는 사실만은 잊지 말아야 할 일이다.

—《전북문학》 창간호, 2023. 6

2.
깨달음의 성지 모악산

예로부터 모악산은 깨달음을 얻는 성스러운 곳으로 3성 7현(三聖七賢)이 태어날 길지로 알려졌다. 더욱이 모악산은 계룡산과 함께 우리나라 백성들이 숭배해온 대표적인 성산이다. 걸출한 인물들을 배출한 모악산에는 깨달음을 얻은 성지(聖地)가 세 곳이 있다.

첫 번째 성지는 진묵대사가 지리산을 바라보고 수도에 정진하여 부처님의 뜻을 깨달았다는 수왕사(水王寺)다. 조선의 도승으로 유명을 떨친 진묵대사(震黙大師)는 모악산을 비롯한 전북 지역의 많은 사찰을 섭렵하면서 이적을 일으킨 인물이다. 김제시 만경면 불거촌에서 태어난 그는 조선 시대 설화불교, 민중불교의 대표적 기승(奇勝)으로 추앙받았던 고승이다.

두 번째 성지는 증산교의 창시자인 강증산(본명 강일순)이 수도에 정진한 결과 천지대도(天地大道)의 깨달음을 얻은 모악산 대원사 칠성각이다. 강증산은 성장기에 전봉준이 주도한 고부민란의 동학농민운동을 현장에서 지켜봤다고 한다. 원한 맺힌 농민들의 한풀이 싸움과 관군의 잔인한 횡포에 환멸과 비애를 느꼈을 것은 당연한 이치다. 고민 끝에 미륵의 본산이며 시위신앙이 함께하는 모악산 대원사의 칠성각에서 깨달음을 얻었다. 미륵신앙의 선구자였던 그가 세상을 떠난 후에도 그를 따르는 신도가 수백만 명에 이르렀다. 하지만 그의 사후에는 증산도 일부 지도자들 간에 분쟁이 극심해 사회적으로 물의를 빚기도 했다.

세 번째 성지는 일지 이승헌이 대각(大覺)한 뒤 심신수련법 단학과 뇌호흡, 그리고 지구를 살리기 위한 깨달음의 문화운동인 홍익문화운동(뉴휴먼운동)을 펼쳐 화제가 되고 있는 천일암(옛 동곡사)이다. 천일암 아래에 바위에는 천부경(天符經)이 새겨 있어 세인들의 관심을 끌고 있다. 천부경은 단군 숭배 사상을 기초로 한 우리나라 고유의 민족종교인 기본 경전이다.

이렇게 모악산은 우리나라 최대의 민족종교 발상지이며, 미륵신앙의 텃밭으로 수많은 인물들이 배출된 성지임은 두말할 나위가 없다. 또 모악산은 어머니의 영태(靈胎)를 모신 곳으로 인자한 자태와 고귀한 숨결이 느껴지는 산이다. 어린아이를 업은 형상의 쉰질바우와 어머니가 한복을 곱게 차려입고 가족들을 기다리는 인자한 모습에서 모악산의 참모습을 찾을 수 있다.

그런데 영태를 모신 모악산의 정상에 설치된 송신탑 때문에 정기를 잃고 있다는 지적을 낳고 있다. 전북지역의 정신세계를 관장하는 영산이자 깨달음을 얻은 성지라면 당연히 하늘로부터 맑은 기운의 천기(天氣)와 땅의 기운인 지기(地氣)를 받아야 하는데도 정상에 세워진 KBS, JTV 방송사의 송신탑이 어머니의 정수리를 짓누르고 있는 모양새다. 이를 두고 도민과 풍수지리가들은 전북 출신들이 중앙에 인재로 발탁되지 못하거나 장자(부자)가 태어나지 않는다고 목청을 돋우고 있다. 이는 일제가 우리 민족정기를 말살할 계략으로 우리 명산에 쇠말뚝을 박고 혈맥을 끊었던 것과 다름없다는 이유다.

물론 과학적인 근거가 없어 미신으로 치부해 버릴 수도 있지만 모악산 자연생태계 보전과 자연경관 차원에서도 모악산 정상의 송신탑은 반듯이 이전해야 한다. 특히 대구. 경북사람들이 지역인재 배출을 위해 금오산의 쇠말뚝을 제거하거나, 광주. 전남 사람들이 지역인재 배출을 위해 군부대를 이전시키고 무등산 정상을 되찾은 노력을 타산지석으로 삼아야 할 일이다.

과거 도민들이 모악산정상복원운동을 펼친 결과 정상의 송신탑 이전에 잠시 희망이 보이기도 했으나, 차일피일 미루다가 2008년부터 겨우 송신탑 옥상만 개방해서 주위를 조망할 수 있게 되었다. 하지만 모악산의 자연경관 훼손은 피해갈 수 없는 중요한 사안이다. 그리고 예전에 비해 방송송출 장비가 발달해서 굳이 산의 정상에 송신탑을 설치해야 할 필요가 없다고 한다. 따라서 정상을 비켜있는 JTV 송신탑과 정수리에 있는 KBS의 송신탑을 통합 운영하는 방안을 하루빨리 강구해야 할 것으로 보인다. 그래야 깨달음을 얻는 성스러운 산으로 알려진 모악산의 정기를 받아 3성 7현(三聖七賢) 보다 더 많은 인물이 배출되고, 자연경관도 복원될 것이기 때문이다.

―《전북문단》제97호, 2022 /《완산벌에 핀 꽃(영호남수필)》 2022. 8

3.
백제 왕실의 자복 사찰 귀신사

예향의 고장 전주에서 금산사 방면으로 달리다 보면 부끄러운 듯 울창한 숲에 몸을 숨긴 귀신사가 살포시 얼굴을 내민다. 봄이면 금산사로 가는 도로변에는 눈부시게 새하얀 벚꽃이 흐드러지고, 가을이면 귀신사 주변에는 빨갛게 익은 감이 주렁주렁 매달려 장관을 이룬다.

화엄 도량인 귀신사는 통일신라 중기에 왕족 출신인 고승 의상대사가 창건하면서 국신사(國信寺, 國神寺)라 명명했다고 한다. 최치원이 쓴 《당대 천복사 고사주 번경대덕화상전》에 의하면, 귀신사는 신라가 삼국을 통일한 뒤 정복지를 교화하여 회유하기 위해 각 지방의 중심지에 세웠던 화엄 십찰(華嚴十刹) 중의 하나였다. 의상의 명으로 제자들이 힘을 합쳐 세운 당시의 화엄 십찰은 모악산 국신사(귀신사), 소백산 부석사, 중앙공산 미리사, 지리산 화엄사, 가야산 해인사, 웅주 가야협의 보원사, 계룡산 갑사, 삭주 화산사, 금정산 범어사, 비슬산 옥천사 등이다.

하지만 귀신사에 관하여 연구하고 있는 박희선 씨에 의하면, 귀신사의 창건역사는 백제 법왕 때 왕실의 내원사(內願寺)로 세웠다고 한다. 이는 귀신사 경내에 있는 석수(石獸)가 백제 왕실의 자복 사찰에서만 볼 수 있는 석물이기 때문이다.

그런데 귀신사의 창건역사가 통일신라 때로 잘못 기록된 이유는 나당연합군에 의해 멸망한 백제 역사가 승리자인 신라 역사로 왜곡된 탓이다. 따라서 귀신사는 백제 왕의 자복 사찰로 1300년의 연륜이 켜켜이 쌓인 호남을 대표하는 화엄도량으로 바로잡아야 옳다.

귀신사 주변에 여덟 개의 암자가 있을 정도로 규모가 제법 컸던 불교와 무속신앙이 어우러진 백제의 대가람이다. 고려 말기에는 왜구 삼백 명이 귀신사에 주둔하며 약탈을 일삼자 병마사 유실이 물리쳤다고 한다. 임진왜란 때는 승병을 양성하여 왜구와 결전했던 곳이었으나 전쟁으로 폐허가 되어 고종 때 춘봉이 중창하는 등 우여곡절이 많았던 사찰이다.

귀신사의 이름도 시대에 따라 변했다. 의상대사가 창건할 때는 국신사(國信寺, 國神寺)였으나. 고려 시대에 원명국사가 중창한 뒤부터 구순사(口脣寺)로 고쳤다. 이는 절 주위의 지형이 풍수지리설에서 말하는 구순지혈(입술은 여자의 음부를 상징하며, 지형은 개의 음부와 닮았음)이었던 연유다. 귀신사 경내에는 불교와 무속신앙이 어우러진 신앙 미술품으로 돌사자 위에 정교한 남근 석주를 꽂아 놓았다. 그 뒤 사찰의 명칭은 국신사로 불리다가 귀신사(歸信寺)로 회귀했다.

《귀신사지》에는 '영조 때(1738년) 출판된 『무경집』 권2에 모악산 귀신사를 무악산 귀신사(毋岳山 歸信寺)로 부른다.'고 기록돼 있다. 이 때문에 일부 주민들은 모악산(母岳山)을 어미 모(母)가 아닌 말 무(毋)를 쓰는 무악산(毋岳山)으로 부르는 경우도 있다.

귀신사가 자랑하는 문화유적은 보물인 대적광전을 비롯한 명부전 및 연화대석, 장대석 등의 유물들을 손꼽을 수 있다. 대적광전은 전면 5칸, 측면 3칸의 맞배지붕 형태로 이 절집을 대표하는 건축물이다.

양귀자의 소설『숨은 꽃』의 작품 배경이 된 귀신사 주변은 가을이면 붉은 홍시가 지천이다. 겨울을 목전에 둔 늦가을이면 다급함으로 게걸스럽게 피어나는 가을꽃들이 무성한 귀신사를 배경으로 쓴 소설이다. 이상문학상 수상 작품인『숨은 꽃』은 세상 속에 묻혀 눈에 띄지는 않지만 인간다운 아름다움을 갖고 사는 사람들의 이야기를 그린 양귀자의 단편소설이다. 영화〈보리울의 여름〉의 촬영 무대가 되기도 했다.

귀신사는 여느 절집과 달리 풍수지리상 개의 음부를 상징하는 형국이라서 사찰 이름을 구순사(口脣寺)로 부르기도 했다. 이 때문에 돌사자 위에 정교한 남근 석주를 꽂아 놓았다. 귀신사에 들면 불교와 무속신앙이 어우러진 백제 유민들의 토속적인 이미지가 물씬 풍긴다. 만시지탄이지만, 백제 유민들을 회유하기 위해서 신라 역사로 왜곡시킨 귀신사 창건역사는 반드시 백제 역사로 되돌려 놓아야 한다.

─《전북수필》 2023. 5

4.
미륵신앙의 뿌리 금산사

한국 미륵신앙의 본산 금산사에는 특이하게도 대웅전이 없다. 미륵전의 미륵불이 주불로 석가여래불은 대장전에 따로 안치되었기 때문이다. 동양 최대의 미륵불을 봉안한 금산사는 한국불교 천칠 백여 년의 유구한 역사를 대표하는 요람으로 많은 고승들을 배출한 대가람이다.

모악산 품에 안긴 금산사는 미륵신앙에서 발연한 민족 신앙과 민간신앙의 요람이다. 미륵신앙은 이상사회를 제시하는 미래불인 미륵을 믿는 신앙이다. 근본적으로 이상세계를 제시하는 미륵의 대승설법이 이루어지기를 염원하는 불교적 이상사회관이다.

금산사는 백제 법왕 때 창건된 사찰로 신라 왕실에서 내세운 진표율사의 중창으로 대사찰의 면모를 갖췄다. 금산사를 중창한 진표율사는 유일하게 백제 출신의 스님이다. 열두 살 때 개구리를 잡아 꿰미에 꿰어놓은 것을 잊고 왔다고 한다. 그런데 어느 날 우연히 그곳을 지나다가 꿰미에 꿰인 채 살아서 발버둥 치고 있는 개구리를 보고 뉘우친 뒤 출가해 스님이 되었다는 재미난 일화가 있다.

금산사는 임진왜란 때 서산대사의 문하 뇌묵당 처영(處英)이 승병 본거지로 삼기도 했다. 왜적의 방화로 팔십 채의 불당이 모두 전소되는 아픔을 겪다가 수문대사가 재건하였다. 그때 복구한 불전 가운데 특이한 것은 대적광전으로 임진왜란 전에 있었던 대웅전, 대광면전, 극락전, 약사전, 나한전 등 다섯 전각을 한 전각으로 모아 놓은 법당이다. 5불 6보살 500나한을 한곳에 봉안한 특별한 구조의 보물이었으나, 원인 모를 화재로 전소되어 복원하였다.

금산사는 국보인 미륵전을 비롯한 10점의 보물을 간직하고 있는 문화유적의 보고다. 미륵전은 동양에서 최고로 큰 미륵불을 봉안하고 있어 한국 미륵사상의 본산으로 추앙받고 있다. 외형은 삼층으로 되어 있지만 내부는 단층 구조로 된 한국에서 하나뿐인 국보급 건물이다. 그 안에는 동양 최대의 실내 입불인 미륵존불, 대모상보살, 법화림보살이 있다. 대적광전은 조선 왕조의 왕위를 계승할 원자(元子)를 낳게 해 달라는 왕실과 국가 차원의 기원을 담고 지어진 당대 최대의 불전 건축물이었다.

노주는 대적광전 앞 석연대와 대칭을 이루고 있다. 화강암으로 조각되었고, 《금산사지》에는 석룡등으로 기록되어 있다. 사각형의 석등으로 지석 위에 등집과 옥개석이 없어진 것으로 보인다. 석연대는 거대한 연꽃이 새겨진 석조물로 그 위에 꽃

봉오리가 얹혀 있는 모습이 독특하다.

　혜덕왕사 진응탑비는 머리(이수)가 없다. 고려 예종 때 세운 비로 거북이 형상의 섬세한 구질의 등 뒤에 세워져 있다. 파도를 헤치고 가는 듯한 사실적인 조각 솜씨는 석공의 영혼이 살아 숨 쉬고 있는 듯하다. 오층석탑은 금산사에서 가장 높은 곳에 우뚝 서 있다. 송대에 올라 탑 앞서면 대웅전 앞에 조아리고 있는 다른 탑 앞에 서 있는 느낌이 든다.

　석종은 석종 부도로 부르며 몸통이 배가 부른 원통형이다. 그 위에 용의 머리를 조각해 놓고 그 위에 상륜부를 얹어 놓았다. 육각 다층석탑은 삼단으로 된 기단 위로 십일층의 옥개석이 쌓여있다. 십층과 십일층은 높지 않지만 탑신이 생략된 채 옥개석만이 차곡차곡 쌓여있는 형태가 기이하다. 기단부는 화강암이고 탑 부분은 검은색의 점판암으로 쌓은 점도 색다르다.

　대장전은 정면과 측면이 각각 세 칸으로 된 팔작지붕이다. 석가여래상과 그 좌우에 기섭과 아난다의 두 제자의 입상이 서 있다. 금으로 도금된 이 불상은 화려하고 현란하여 눈이 부시고 절로 불심에 사로잡히게 한다.

　동양 최대의 미륵불을 봉안한 금산사는 임진왜란 등으로 화마를 입었으나 건재한 모습으로 중생들을 맞는다. 모악산에 들 때마다 금산사 미륵불이 살가운 미소로 내 마음을 얼싸안는다.

―2023. 5. 5

5.
모악은 인걸(人傑)의 요람

"인걸은 지령(地靈)이다."

예로부터 선조들은 사람이 태어날 때는 모악산처럼 명산을 끼고 있는 지역에서 큰 인물이 태어난다고 굳게 믿었다. 민족종교 발상지 또는 미륵신앙의 텃밭으로 알려진 모악산은 걸출한 인물들을 배출했거나 인걸들의 발자취가 서린 명산이다. 나는 가끔 모악산 자락에서 고귀한 삶을 살다간 인걸들의 발자취를 더듬어 보면서 내 삶을 반추해 보곤 한다.

첫 번째 인물은 뭐니 뭐니해도 완산주에 후백제의 왕도를 세우고 금산사를 역사의 전면에 등장시킨 견훤을 꼽을 수 있다. 그는 자칭 환생한 미륵이라 하여 자신의 복을 비는 사찰로 삼고 금산사를 중수했다고 한다. 견훤은 시간만 나면 금산사 미륵전에 와서 살았는데 그 이유는 미륵의 힘을 받아 후삼국을 통일하기 위해서였다.

하지만 장남에게 금산사에 유폐당하는 수모를 겪어야 했다. 견훤은 자식 농사도 실패했지만, 인생의 말년을 앙숙이었던 왕건에 의지하면서 아들과 싸워서 자기가 세운 후백제를 스스로 멸망하게 한 골육상쟁의 장본인으로 역사에 오점을 남겼다.

두 번째 인물은 백제 유민들의 고단한 삶을 위로하고 회유하기 위해 금산사를 중창해서 면모를 갖추도록 신라 왕실에서 내세웠던 백제 출신 고승 진표율사다. 그는 유일하게 《삼국유사》와 중국 《송고승전》에 기록된 백제권의 스님이다. 백제 유민들의 신라에 대한 반항적인 의식을 다스리기 위해 미륵신앙을 제도권 안으로 끌어들인 신라 십승(新羅十僧)의 한 명이었다. 중국 《송고승전》에는 '진표가 산을 내려올 때 남녀가 머리를 풀어서 진흙을 덮고, 옷을 벗어서 길을 깔았다. 그리고 방석 담요를 펴놓고 발을 밟게 하고, 화려한 자리와 아름다운 요로 구덩이를 메우기도 하였다.'고 기록되어 있다. 진표율사에 의해 대사찰의 면모를 갖춘 금산사는 미륵신앙의 중심 사찰로 미륵장육상(彌勒丈六像)을 주존(主尊)으로 모심으로써 법상종(法相宗)의 근본 도량으로서 위상을 갖추게 되었다.

세 번째 인물은 증산교의 창시자로 모악산 대원사에서 득도한 강일순(강증산)이다. 정읍 고부에서 태어난 그는 성장기에 전봉준이 주도한 고부민란의 동학농민혁명을 현장에서 지켜보았다. 이에 원한 맺힌 농민들의 한풀이 싸움과 관군의 잔인한 횡포에 환멸과 비애를 느끼며 세상일에 깊은 고민을 하게 된다. 그는 고민 끝에 미륵의 본산이며 사위신앙이 함께 하는 모악산 대원사의 칠성각에서 정진을 거듭한 끝에 천지대도(天地大道)를 깨닫게 되었다. 강증산의 해원신앙(解冤信仰)은 쌓이고 맺힌 상극의 원한에서 도출되었다. 그는 39세 일기로 세상을 떠날 때까지 금평저수지 옆 구릿골에서 천지공사를 행하였다.

네 번째 인물은 조선 시대 도승으로 모악산과 전북지역의 많은 사찰을 섭렵하면서 이적을 일으킨 진묵대사다. 그는 김제 만경 불거촌 출생으로 조선 시대 설화불교, 민중불교의 대표적 기승(奇僧)으로 유명하다. 그는 도술이 뛰어나 모악산 수왕사에서 손가락으로 물을 튀겨서 합천 해인사의 불을 끈 일도 있다고 한다. 도술로 전주 왜막실에 홀로 사는 어머니에게 모기가 다가가지 못하게 했다는 일화도 전해 온다. 수왕사에는 진묵대사가 주석하며 수도했던 곳으로, 그의 호방한 기개를 보여주는 칠언절구(七言絕句)의 주련이 걸려있다.

다섯 번째 인물은 모악산 제비봉을 자주 찾아 백성이 다 함께 잘사는 대동 세상을 꿈꿨던 올곧은 선비 정여립이다. 그는 조선 선조 때 붕당정치에 환멸을 느끼고 낙향하였다. 대동 세상을 열어보겠다는 일념으로 소외계층을 모아 김제 금평저수지 위 구릿골 모악산 제비봉을 중심으로 병사들을 훈련시키며 대동세상 실현을 위해 노심초사했다.

그는 약관의 나이에 대과에 급제한 올곧은 선비였다. 그런데 율곡이 죽자 정치 노선을 바꾸어 서인의 정적이 되었다. 결국 선조와 서인의 미움을 산 정여립은 진안 죽도에서 억울한 누명을 쓰고 한 많은 생을 마감해야 했다. 정여립과 관련된 조선 선비 천여 명이 기축옥사로 희생되고 정여립 집안은 멸문지화를 당했다. 대동 세상을 꿈꿨던 올곧은 선비 정여립의 억울한 생애는 반드시 재조명돼야 마땅하다.

여섯 번째 인물은 모악산 자락 원평 등에서 동학농민혁명운동을 활발하게 펼쳤던 김덕명이다. 원평 땡뫼산(원평터미널 옆)에 동학혁명군의 김덕명의 추모비가 서 있다. 그 주변에 동학혁명 당시의 집강소 건물이 남아있어 모악산 주변이 동학혁명의 기폭제가 되었음을 말해주고 있다. 무장에서 1차로 기병한 동학혁명군들은 창의문을 선포하였다. 백산에서 호남창의 대장소를 설치하면서, 대장에 전봉준, 총관령에 손화중과 김개남, 총참모에 김덕명과 오시영을 추대하였다.

김덕명은 삼례에서 수만 명의 동학교도가 모였을 때 모악산 자락의 금구지방의 동학교도 만여 명을 소집하여 참가하였다. 금구와 원평 지역은 손화중의 무장포와 더불어 동학교도들이 가장 많이 봉기했던 곳이다.

동학혁명군은 마지막 싸움터인 태인 전투에서 패배하여 해산하였다. 김덕명은 고향인 금산면 장흥리에 은둔했다가 체포당해 서울로 압송된 뒤 전봉준, 손화중, 최경선, 성두한과 함께 거룩한 생을 마감했다.

이 밖에도 인걸의 요람인 모악산이 배출한 인물들은 많다.

다만 모악산이 배출한 인물들을 더 많이 다루지 못한 것이 아쉬울 따름이다.

아무튼 백제의 얼을 계승하기 위해 후백제를 창건한 견훤, 금산사를 중창한 진표율사, 증산교의 창시자 강일순, 민중불교의 대표적 도승 진묵대사, 대동 세상을 꿈꿨던 정여립, 동학혁명의 기폭제였던 원평 집회를 주도한 김덕명 등이 이 땅의 민중들의 고단한 삶을 어루만져 주었던 모악산이 배출한 걸출한 인걸들이다. 장구한 세월 동안 그 역사의 현장을 지켜보았던 모악산은 인재의 요람으로 거듭나고 있다.

—《은빛수필》 2023. 5

6.
모악은 우주의 배꼽

　예로부터 선조들은 모악을 경외심을 가지고 바라봤다. 천년 고도 전주와 호남평야를 품은 모악은 영태를 모신 성산인 연유다. 김지하 시인은 모악은 영태를 모신 후백제의 발상지로 우주의 배꼽으로 비유하였다.

　그런데 생명과 문화의 산실과 영태를 모신 위대한 어머니 산으로 일컫는 모악산이 각종 개발사업과 자연 환경훼손으로 몸살을 앓고 있다. 특히 모악산 정수리에 들어선 모 방송국 통신시설 때문에 정기를 잃고 있다.

　김지하 시인은 어느 날 새벽에 모악산의 자연환경 훼손을 우려하며 영감(靈感)으로 다음과 같은 시를 받았다고 한다.

　　　모악을 훼손하면 / 칠산바다가 검게 물들 것
　　　이리는 이것을 막고 / 계룡(鷄龍)은 뒤를 서라.
　　　나는 전주 모악산이 / 이 땅의 여러 성산(聖山)중의
　　　하나임을 잘 안다. / 알면서 그 파괴를 묵과할 수는 없다.

길은 모악으로 날 수 없다.

모악은 영태를 모셨다. / 어머니 배를 가를 셈인가?

증산선생(甑山先生)을 불망(不忘)하여 / 다만 삼가하라.

―〈모악산 개발을 우려한다〉 김지하

김지하 시인이 영태를 모신 위대한 어머니로 여겼던 모악산, 그 산의 각종 개발과 자연환경 훼손으로 정기를 잃어가는 것을 우려한 나머지 우리에게 보내는 경종의 메시지라고 할 수 있다.

김지하 시인뿐 아니라 전주에 후백제의 왕도를 정한 견훤, 백제 유민의 영혼을 위로하기 위해 금산사를 중창한 진표율사, 증산교의 창시자 강증산, 민중불교의 대표적 기승 진묵대사, 대동세상을 꿈꿨던 정여립, 동학농민혁명의 중추적 인물이었던 김덕명 등도 모악산에 대한 애정이 깊었던 인걸이었다.

특히 완산주에 후백제 왕도를 세우고 미륵신앙의 가람인 금산사를 역사의 전면에 등장시킨 견훤은 모악산에 대한 애정이 남달랐다. 그는 스스로 환생한 미륵을 자처하며 자신의 복을 비는 사찰로 삼고 중수할 정도로 금산사에 대한 애정이 끔찍했다. 하지만 왕위를 넷째 아들인 금강에게 물려주는 바람에 장남인 신검의 미움을 사서 금산사에 유폐되는 비운의 주인공이 되기도 했다.

후백제의 발상지인 모악은 새 생명을 잉태하고 양육하는 어머니 역할에 충실한 산이다. 천년고도 전주에서 바라보는 모악산의 모습은 흡사 어머니가 한복을 곱게 차려입고 자식들을 기다리는 형국이다. 정상 아래에 있는 쉰질(쉰길)바우는 어머니가 어린아이를 업고 있는 자애로운 모습으로 다가온다.

모악의 절정에 오르면 우리나라의 최대 곡창지대인 징개 맹경 외야미들 즉, 호남평야의 너른 들녘이 눈앞을 가득 채운다. 우리나라 최대 곡창인 호남평야를 기름지고 풍요롭게 만드는 데 필요한 생명수를 공급해 주는 곳이 바로 모악이다.

모악은 백제 유민들의 삶과 애환이 서린 미륵신앙의 텃밭인 동시에 신흥종교가 많은 민중 신앙의 성지다. 모악은 언제나 어머니 품속처럼 포근함이 있고, 고향처럼 정겨움이 서려있다. 빈부를 차별하지 않고, 남녀노소와 신분을 가리지 않으며, 민초들의 심신의 병을 치유해 주는 마음의 안식처다.

모악은 한국전쟁 이전만 해도 아름드리 나무숲이 울창하고 산세가 아름다워서 계룡산과 더불어 민중신앙의 텃밭으로 정기 어린 산으로 어깨를 겨루었다. 금산사의 봄 경치(母岳春景)는 변산반도의 녹음(邊山夏景), 내장산의 가을단풍(內藏秋景)과 백양사의 겨울설경(白陽雪景)은 호남 4경의 중의 하나로 모악의 대표적 경관이다.

더불어 모악의 자랑거리는 눌연계곡, 금동계곡, 선녀폭포 등과 천년고찰 금산사, 대원사, 수왕사, 귀신사, 청룡사, 용화사, 염불암, 천룡암, 금선암, 금곡사, 보광사 등의 절집이 있다.

금평저수지 옆에는 오리알터의 증산교 본부가 있다.

　모악의 산줄기는 전주, 김제, 완주의 세 개 행정구역을 나누며 배재, 장근재, 밤재의 부드러운 능선이 있다. 호남평야 한가운데서 보면 마치 어머니가 양팔을 벌려 사방 몇백 리의 너른 들녘을 감싸안고 있는 모습이다. 여기에서 흘러내린 물줄기는 구이저수지, 안덕저수지, 금평저수지 등을 채우고, 만경강과 동진강으로 흘러들어 호남평야를 살찌우는 어머니 역할을 하고 있다.

　그런데 생명과 문화의 산실과 영태를 모신 위대한 어머니 산이 각종 개발사업과 자연 환경훼손으로 몸살을 앓고 있다. 우리는 가슴에 손을 얹고 인걸의 요람인 동시에 후백제의 발상지이자 우주의 배꼽으로 여기는 모악산이 정기를 잃고 신음하는 소리에 귀 기울여야 할 일이다.

—《임실문학》 2023. 8

7.
천하제일 명당 김태서 묘

　모악산이 유명해진 사연은 천하명당으로 알려진 김일성의 32대 선조 김태서 묘 때문이다. 완주모악산관광단지에서 토속적인 전설을 간직한 선녀폭포를 지나 서남쪽 산등성이로 오르면 전주김씨 시조인 김태서 묘를 만날 수 있다.
　김일성 주석은 이 묘의 지기(地氣)가 발복하여 49년 동안 장기 집권하였다고 한다. 그의 아들 김정일 국방위원장과 손자 김정은 국무위원장까지 삼대를 세습하며 왕권을 거머쥐고 영화를 누리고 있는 셈이다.
　일찍이 풍수지리가로 유명을 떨친 육관 손석우가 『터』에 김일성이 음력 1994년 9월 14일 사망할 것이라고 예언한 바 있다. 그런데 그해 7월 8일, 근소한 차이로 김일성이 사망하자 세인들은 놀라움을 금치 못했다. 이 사실이 알려지자 경향 각지에서 사람들이 김태서의 묘를 보려고 북새통을 이뤘다. 급기야 그 묘소를 위치를 문의하느라고 면사무소의 전화통이 불이 날 지경이었다. 견디다 못해 묘소의 안내판을 설치했다가 권

력기관의 불호령으로 철거하는 해프닝이 벌어지기도 했다.

김대중 대통령이 집권하면서부터 남북화해 무드가 점차 조성되고 통일정책이 급속히 진행되자 김정일이 남한을 방문하면서 김태서 묘에 성묘한다는 풍문이 나돌았다. 모악산지킴이 회장을 맡고 있는 화자에게도 모 기관에서 경호 문제로 모악산 지리에 대해 자문을 구할 정도로 관심을 끌기도 했다. 하지만 김정일의 남한방문은 끝내 이뤄지지 못했다.

그동안 공산주의 체제의 북한 김일성 주석을 씨족으로 둔 전주김씨는 모악산에 선조의 묘소가 있다는 말조차 꺼내지 못할 정도로 숨죽이며 살아야 했다. 김재순이 국회의장이 되고 김대중 대통령 집권으로 남북화해 무드가 조성되면서부터 비로소 전주김씨 시조인 김태서의 묘가 천하명당으로 알려지게 되었다. 한국전쟁 때는 김일성이 자기 조상 묘소가 있는 전주와 모악산은 절대 폭격하지 말라고 명령했다고 한다.

아무튼 풍수지리 대가로 자처하는 손석우가 천하명당이라고 주장하는 『터』와 전주김씨 족보를 들여다보면 이야기가 더욱 흥미진진해진다. 김일성의 본관은 전주김씨로 고려 때 문장공 김태서(金台瑞)가 경주 김씨에서 분관한 것으로 나온다.

전주김씨 족보에는 시조 묘가 있는 전주 모악산 일대가 그려져 있고 시조가 김태서임이 밝혀져 있다. 김태서의 32대손인 김일성의 본명인 김성주(金成柱)와 동생 영주의 이름도 찾을 수 있다.

김태서의 묘는 모악산에 있으며, 청룡, 백호, 주작, 현무가 잘 갖추어진 천하명당이다. 복을 주는 시조 김태서와 복을 받은 삼십 이대 후손 김일성 사이에는 재미있는 비화가 있다고 한다. 구전에 의하면 어느 날 강씨 부인의 꿈에 모악산에 묻혀 있는 김태서가 파란 옷을 입은 동자를 데려와 자신에게 맡기면서 이 아이를 잘 키우라고 했다. 꿈을 깬 뒤 곧바로 태기가 있어 아이를 낳으니 그 아이가 김일성이라는 것이다.

또 손석우가 《터》에서 의미심장하게 주장한 내용은 이렇다.

모악산에 있는 김태서 묘의 발복은 49년 동안이니 앞으로 1년이면 운이 다한다. 지령(地靈)은 인걸인데 이 땅 기운을 받은 김일성은 49년간 절대 권좌에 있을 수밖에 없다. 이것은 지리의 법칙이다. 그러니 묘의 정기가 끝나는 1994년 9월 14일(음력) 새벽이 되면 그의 명운도 종언을 고할 수밖에 없게 된다. 터의 위력이 얼마나 정확하고 무서운 것인지를 독자들은 이제 지켜보기만 하면 된다.

어쨌거나 대한민국과 체제가 다른 공산국가지만 김일성은 32대 선조 김태서 묘의 지기(地氣)의 발복으로 49년 동안 장기 집권한 것은 부인할 수 없는 사실이다. 그런데 아들 김정일과 손자 김정은까지 삼대를 세습하여 왕권을 잡는다는 사실까지는 미처 예언하지 못했다. 우리 속담에 중이 제 머리 못 깎는다고 하였다. 그래서일까 천하의 풍수가였던 손석우도 사후에 명당으로 자처하는 모 국립공원에 묻혔으나 불법으로 조성한 묘소라서 이장할 수밖에 없었다.

　아무튼 전주김씨 시조인 김태서의 묘를 품은 모악산은 인걸은 지령이란 풍수지리설을 입증한 영산이 아닐 수 없다. 여러분도 3성 7현(三聖七賢)이 태어날 길지로 알려진 모악산의 명당을 찾아 발 벗고 나서보시라.

―《완산벌에 핀 꽃(영호남수필)》 2023. 5

8.
도승, 진묵대사의 발자취

　민중의 아픔을 치유하고, 백성을 위로하는 삶을 살아온 진묵대사는 조선조 도승으로 유명을 떨쳤던 인물이다. 그는 김제 만경 불거촌 출생으로 속명은 일옥(一玉)이었다. 일곱 살 때 완주 봉서사로 출가하였고 부안 월명암에서 여생을 마쳤다. 생전에 모악산 대원사와 수왕사, 원등산 원등사, 서방산 서방사, 종남산 송광사 등 전북의 사찰을 두루두루 섭렵하면서 많은 이적을 일으켰다.

　진묵대사는 조선 시대 설화불교, 민중불교의 대표적 기승으로 알려졌다. 만경 화포리에는 그의 어머니 무덤과 이를 관리하는 성축암, 그리고 진묵대사를 신앙하는 주행조양사(舟行組仰寺) 등이 조앙산을 중심으로 남아있다.

　전북 완주군 소양면 종남산 자락에 위치한 송광사 개창비에는 '대선사진묵당'으로 새겨져 있다. 완주 용진에 있는 봉서사의 복원불사 찬조문에는 휴정(休靜)의 제자인 조선 중기의 고승 진묵대사가 서방산 봉서사에 주석하며, 숱한 이적을 행하였다고 기록돼 있다. 서방사에는 불도를 닦았던 진묵대사의 부도가 있는데 그 부도가 사십 년 전부터 매년 조금씩 커진다 하여 학계에 비상한 관심을 모으기도 했다.

진묵대사가 이적을 일으켰던 일화도 많다. 예컨대 '천변에서 물고기를 가마솥에 끓이고 있던 사람들의 심술궂은 권유에 진묵대사가 두 손으로 큰 가마솥을 번쩍 들어 단숨에 마신 뒤 대변을 보자 물고기들이 펄펄 살아서 헤엄쳐 내려갔다는 어혼환생(魚魂還生)의 일화가 유명하다.

그는 도술도 뛰어나 모악산 수왕사에서 손가락으로 물을 튀겨서 합천 해인사의 불을 끈 일도 있다고 한다. 대원사에 주석하면서 도술로 전주 우아동 왜막실에 홀로 사는 어머니에게 모기가 다가가지 못하도록 도술을 부렸다는 일화도 전한다.

모악산 대원사에는 진묵대사가 주석한 발자취가 남아있고, 은사(察舍)에는 진묵대사의 영정과 제왕탱화가 소장되어 있다. 대원사는 우리나라 불교의 오교 가운데 하나인 열반종을 세운 진덕화상의 제자였던 일승, 심정, 대원의 세 승려가 세웠다고 하나 정확한 근거자료는 없다.

모악산 중턱에 자리한 수왕사는 진묵대사가 주석하며 수도했던 곳이다. 그의 호방한 기개를 보여주는 시구가 지금도 남아 전하는데 진묵대사의 조사전에 걸려있는 칠언절구의 주련을 소개한다.

하늘은 이불이요. 땅은 자리니

산은 베개가 되는구나
달은 촛불이요 구름은 병풍이고
바다를 술통으로 삼는 도다.
거나하게 취하여서 일어나 춤추고자 하나
곤륜산에 소맷자락이 걸려 아니꼽구나

물맛이 좋아 물의 왕으로 알려진 수왕사는 신라 문무왕 때 진덕화상이 수도장으로 쓰기 위하여 창건했다고 한다. 하지만 수왕사는 백제의 땅이기에 백제의 역사로 고쳐져야 옳다. 수왕사에는 진묵대사가 수도승들의 고산병을 예방하기 위해 손수 빚은 송죽오곡주와 송화백일주의 두 가지 술이 유명하다. 아마도 진묵대사는 곡주가 아닌 곡차로 은근슬쩍 이름을 바꿔서 즐겨 마신 성싶다.

진묵대사가 석간수를 마시며 지리산 천왕봉을 바라보며 수도에 정진했다는 암반에서 흐르는 석간수는 전국적으로 알려졌다. 물맛이 좋아 물의 왕이라는 뜻으로 일명 '물왕이 절'로도 불린다. 조선 시대 도승으로 그 유명을 떨친 진묵대사는 모악산에 주석하며 이적을 일으킨 도승으로 추앙받고 있다.

영태를 모신 모악산에 들 때마다 민중의 아픔을 치유하고, 백성을 위로하는 위대한 삶을 살았던 진묵대사의 생애를 되새기며 옷깃을 여민다.

—《전북펜문학》 2023. 7

9.
해원(解冤) 신앙의 선구자 강일순

　미륵신앙의 도량 모악산 금산사 들머리 금평저수지 부근에 위치한 증산교 교파의 하나인 증산법종교의 건물이 눈길을 잡는다. 조경이 잘 된 경내는 넓은 주차장이 있고, 태평전, 구룡사 영대, 심청전, 전하전, 경춘대, 대령전, 승묘전 등 건물들이 웅장하다. 아늑한 호반가에 수려한 수변공원처럼 조성된 이곳은 증산교의 창시자인 강일순(강증산) 부부가 편안하게 잠들어 있는 곳이다. 하지만 증산교 교파 간의 다툼으로 강증산의 팔 하나가 없이 묻혔다는 설도 있다.
　증산법종교는 강증산의 딸 강순임이 전주 노송동에서 '증산천사향원'이란 이름으로 활동하기 시작했다. 그 뒤 금평저수지 옆 오리알 터에 대형건물을 건축하여 이전하면서부터 모악산 주변 환경과 더불어 금산사 다음가는 볼거리가 되었다.
　증산교의 창시자인 강일순(姜一淳)의 자는 토옥(土玉)이며, 호는 증산(甑山)이다. 정읍시 고부면에서 아버지 강흥주와 어머니 권 씨의 아들로 태어나 39세의 일기로 요절하였다. 그는 정씨 부인과 슬하에 외동딸 강순임을 두었는데 그 딸마저도 일점혈

육 하나 두지 못했다.

강증산은 성장기에 전봉준이 주도한 고부민란의 동학농민혁명을 현장에서 지켜봤다고 한다. 이에 원한 맺힌 농민들의 한풀이 싸움과 관군의 잔인한 횡포에 환멸과 비애를 느끼며 세상일에 깊은 고민하게 된다. 유불선 음양 사위에 이르기까지 모든 글을 섭렵하고 전국을 돌아다녔지만 고민은 좀처럼 풀리지 않았다.

그는 고민을 거듭한 끝에 미륵의 본산이며 사위신앙이 함께 하는 모악산 대원사의 칠성각에서 정진을 거듭하다가 마침내 천지대도(天地大道)를 깨닫게 되었다.

강증산의 해원신앙(解寃信仰)은 쌓이고 맺힌 상극의 원한에서 도출되고 출발한다. 득도하기 이전에도 인간 강증산은 뛰어난 천재요. 명석한 판단력과 형안을 가진 인도주의자였다. 이십 대의 젊은 나이에 유불선과 음양, 사위에 이르기까지 모든 학문을 섭렵한 학자이기도 하였다.

세상을 떠날 때까지 9년 동안 금평저수지 옆 구릿골에서 천지공사를 행하였다. 《증산교 史》에 의하면 천지공사는 증산의 깨달음을 포교하는 것인 동시에 온갖 질병과 부조리가 만연하고 있는 것을 송두리째 고치기 위한 실천이라고 한다. 하지만 강증산이 깨달음을 얻었다는 대원사 칠성각의 흔적을 찾을 수 없어서 안타깝다.

강증산은 득도한 후 모악산 금산사를 중심으로 전북 일대를 돌아다니며 천지공사를 하면서 많은 이적과 예언을 남겼다. 죽음을 앞두고 '내가 죽은 뒤 나를 보고 싶거든 금산사 미륵전의 미륵을 보라. 내가 곧 미륵이니라.'라고 말하였다. 이 때문에 금산사 미륵전은 강증산을 따르는 사람들에게 성지로 인식되고 있다.

최재우가 경상도 경주에서 창시한 동학이 충청도를 비롯한 전라도에서 활짝 꽃을 피웠듯이, 강증산이 전라도에서 창시한 증산교는 오히려 경상도에서 더 많은 세력을 형성한 채 오늘에 이르고 있다. 오늘날 증산교는 수많은 파종을 이루면서 우리 민족종교의 대종을 이루고 있다.

강증산이 세상을 떠난 후에도 그를 믿고 따르는 신도가 수백만에 이른 때도 있었다. 하지만 일부 교파는 강증산이 실의와 좌절에 빠져있던 민중들에게 희망의 꿈과 이상을 심어주었던 미륵신앙의 선구자였던 것과 달리 물의를 빚고 있다는 지적을 낳고 있다.

증산 강일순은 동학혁명의 지도자였던, 전봉준, 김개남, 손화중과 더불어 암울했던 조선 시대에 정읍에서 태어나 화엄적 후천개벽을 꿈꾸었던 선각자였다. 동학농민혁명이 실패로 끝나고 실의와 좌절에 빠져있던 민중들에게 희망의 꿈과 이상을 심어주었던 해원신앙의 선구자였다. 화자는 한국 미륵신앙의 본산인 금산사를 품은 모악산에 들 때마다 강증산의 거룩한 생애를 떠올리며 경외심을 갖게 된다.

—《석정문학》 2023. 8

10.
모악은 호남의 조망대

비 갠 날, 모악에 올라 휘휘 둘러보라. 모악이 호남의 조망대인 동시에 산줄기와 물줄기의 요충지로 느껴지는 것을 저절로 느낄 수 있다. 북쪽을 바라보면 동양 최대의 미륵사지를 품은 미륵산이고, 북동쪽으로 눈을 돌리면 계룡산. 대둔산. 천등산이 다가온다. 전주 가까이는 계봉산(안수산), 서방산, 종남산, 위봉산이 줄지어 서 있고, 충남과 전북의 경계에는 태평봉수대와 선야봉이 손짓한다. 그 오른쪽에는 청량산(원등산), 연석산, 주줄산(운장산), 구봉산이 살포시 미소 짓는다.

동쪽으로는 만덕산을 스치면 부귀산, 암마이봉이 눈을 가득 채우고, 그 너머로 북덕유의 절정인 향적봉에서 무룡산, 삿갓봉, 남덕유, 장수덕유를 잇는 사 십리 길 백두대간에 둥지를 튼 크고 작은 봉우리들이 마루금을 그린다. 그 우측으로는 성수산, 덕태산, 내동산, 팔공산, 백운산이 실루엣처럼 가물거린다.

천년고도 전주로 눈을 돌리면, 나직이 완산(완산칠봉), 남고산과 남고산성의 천경대, 만경대, 억경대가 고개를 내밀고 고덕산이 지척이다. 동남쪽을 바라보면 경각산, 치마산 오봉산이 손에 잡힐 듯하다. 발아래는 역광으로 빛나는 만경강의 젖줄인 구이저수지의 은빛 물결이 일렁인다. 그 뒤로는 지리산 천왕봉에서 성삼재를 잇는 백두대간의 용맥이 승천을 준비하듯 용트림하고, 호남정맥 종착점인 광양의 백운산의 모습이 위연하다.

남쪽으로는 임실의 백련산, 남원의 고리봉, 곡성의 동악산, 백아산이 다가오고, 그 옆으로 순창의 회문산, 여분산이 고개를 살포시 내민다. 우측으로 눈을 돌리면, 호남정맥 용맥을 따라 무등산, 추월산, 강천산, 내장산 등이 파노라마를 연출한다. 서쪽은 영산기맥의 입암산, 방등산(방장산)과 선운산, 두승산, 소요산, 변산 등 온갖 산들이 눈앞을 가득 채운다. 그 옆으로 서해가 아스라이 다가온다. 이래서 모악은 영태를 모신 호남 조망대로서 한 점 부끄러움이 없는 경외스러운 산이다.

그런가 하면 모악산은 일제강점기에 순창 회문산과 함께 노령산맥으로 왜곡된 슬픈 역사를 간직하고 있다. 여암 신경준은 조선 영조의 명을 받아 『산경표』를 편찬하면서 호남정맥에서 나뉘는 산줄기에 모악산이 있다고 설파했다.

모악산에서 주변의 조망을 즐겼으면 이제 우리 전통 지리서인 『산경표』의 산줄기를 따라 모악에서 백두대간까지 마루금을 그려보자. 오직 한길로 호남정맥과 백두대간으로 이어지는 신비로움에 감탄사가 저절로 나오게 될 것이다. 일제강점기에 왜곡된 노령산맥이 아닌 호남정맥에서 뻗어 나온 만경강과 동진강의 분수령임을 체험할 수 있기 때문이다.

　모악산 절정에서 모악기맥을 따라 남쪽을 향해 걸어가노라면, 장근재, 배재, 밤재, 국사봉, 엄재를 거쳐 호남정맥의 분기점인 초당산에 닿는다. 남쪽은 호남정맥 묵방산과 고당산, 추월산, 내장산, 강천산, 무등산, 조계산 등을 거쳐 광양의 백운산으로 가는 산줄기요. 북쪽은 호남정맥의 초당산(운암), 오봉산, 경각산, 만덕산, 곰티를 지나 주화산(모래재 위)의 절정이다. 이곳은 호남정맥과 금남정맥의 분기점이며, 금남호남정맥을 통하여 충남과 호남의 산줄기를 백두대간으로 연결되는 요충지다.

　북쪽은 금남정맥과 금만정맥이고, 동쪽은 부귀산, 마이산, 팔공산, 신무산, 수분령, 장안산을 거쳐 백두대간 합류점인 장수 영취산에 닿는다. 영취산에서 남쪽은 지리산 천왕봉으로 가는 산줄기요. 북쪽은 우리 민족정기가 서린 백두산으로 이어지는 백두대간의 산줄기다.

　모악산에서 백두산까지 마루금을 그렸으면 이번에는 모악산 정상에서 서쪽은 만경강과 동진강의 분수령을 이루는 모악기맥 산길을 따라가 보자. 모악산 정상에서 북봉, 매봉, 유각치를 지나면 묘고산에서 서쪽으로 뻗어가는 구성산과 금구의 남산의 산줄기를 나뉜다. 북쪽으로 걸음을 재촉하면 상목산,

봉황산(매봉산), 천잠산을 지나 김제시 진봉면 국사봉과 봉화산까지 서해를 향해 뻗어간다.

    모악산은 사방 백리가 넘는 호남평야를 일구어 놓은 호남의 조망대인 동시에 산줄기의 요충지다. 모악산은 온갖 시름을 치유하는 청량제요. 어머니의 품처럼 마음이 포근한 고향이다. 이게 바로 화자가 모악산을 잊지 못하는 이유다.

—《전북수필》제97호, 2023. 8

11.
고려 밀교의 본산 대원사

고려 밀교의 본산으로 알려진 대원사의 본디 이름은 주석원(呪錫院)이다. 대원사는 고구려에서 백제로 망명한 보덕화상의 십대 제자 중의 한 명인 대원(大原) 스님이 창건했다고 하나 정확한 자료가 없는 실정이다. 《삼국유사》에는 '고려 밀교의 본산으로 개성의 총지암과 모악의 주석원을 꼽고 있다.'고 기록하고 있다. 조선 시대에 강원도 오대산의 진여원(眞如院)이 상원사로 바뀐 것처럼 모악산 주석원도 대원사로 바뀠다. 고려 시대에는 사찰 이름에 원(院)자가 들어갔지만 조선 시대에 들어와서는 원(院)자 대신 사(寺)자로 변했다.

《대원사지》에 의하면 신즉종 총본산인 주석원이 조선 중엽까지 있었으나 임진왜란 때 전소되었다. 보덕화상의 제자인 일승화상, 심정화상, 대원대사가 창건하면서 대원사라고 했다고 한다.

고려 시대 밀교의 특징은 불·보살(佛·菩薩)의 초월적인 가피력을 강조하는 데 있었다. 다시 말해 외적이 침입했을 때 격

퇴시키거나 병을 낫게 하든가 인간사의 각종 애환들을 치유하는데 목적을 둔 불교인 셈이다. 초월적인 불·보살의 가피력을 얻으려면 주문(呪文)을 소리 내어 암송하는 방법이 최선이라고 한다.

주문은 종교적 영험을 얻는 데 중요한 내용인데 대원사는 밀교의 중요한 수행 방법인 주문을 암송하기에 적합한 장소였다. 불교사찰이 특별한 영험을 지니기 위해서는 풍수적 위치가 명당이거나 고승이 주석해야 좋다고 한다. 그런 점에서 대원사는 풍수적 위치로 볼 때 태음(太陰)으로 음기가 강한 골짜기에 위치해 있다. 음기가 강한 터에서 성공하려면 도를 성취해야 한다. 강한 양기와 함께 음기가 어울려야만 기도와 주문을 통한 불·보살의 가피력이 나오기 때문이다.

대원사는 임진왜란 때 전소되어 고려 시대 이전의 역사를 파악하기는 어려운 실정이다. 조선 시대에 대원사와 관련된 일화를 남긴 주요 인물은 진묵대사와 증산교의 창시자인 강일순을 꼽을 수 있다. 진묵대사는 서산대사와 비슷한 시기의 인물이면서 대조적인 행적을 보인 고승으로 알려졌다. 서산대사가 임진왜란 때 승병을 투입하면서 국난에 적극적으로 개입한 데 반해 진묵대사는 은둔 생활을 한 인물이다.

진묵대사는 당시 호남 지역의 민중들과 어울리면서 많은 일화를 남기며 '석가모니 부처님의 작은 화신'으로 불렸다. 경전을 한 번 보면 다 외울 정도로 두뇌가 명석했다. 당시 유학자로 명망이 높았던 김장생의 제자인 김동준과 우의가 깊었다. 하루는 김동준이 《통감》을 빌려줬는데 절까지 돌아가는 동안 책 한 질을 모두 읽었다고 한다. 현재 대원사 대웅전 옆에 딸린 요사체가 있는데 그중에서 오른쪽 작은 방에 진묵대사가 머물렀던 곳으로 보인다. 이는 고시생들이 그 방에서만 자면 꿈자리가 몹시 사납고 가위눌린 듯한 체험을 했기 때문이다. 하지만 진묵대사는 양기가 강한 태양인 체질이라서 대원사의 태음기를 제압했다고 한다. 참선하는 선가(禪家)에서는 도를 통하려면 장군기(將軍氣)를 타고 나야 한다는 말이 회자되고 있다.

대원사 이름을 유명케 한 또 하나의 인물은 증산교의 창시자인 강증산(강일순)이다. 그는 대원사에서 천지대도를 깨닫고 모악산 자락 구릿골에서 9년 동안 천지공사를 행한 인물이다. 그는 정읍시 고부에서 태어나 성장기에 전봉준이 주도한 고부민란의 동학농민혁명을 지켜보았다. 이에 원한 맺힌 농민들의 한풀이 싸움과 관군의 잔인한 횡포에 환멸과 비애를 느끼며 세상일에 깊은 고민을 하게 되었다. 그리고 대원사에서 천지대도(天地大道)를 깨닫고 백제유민에게 천지공사를 행한 선구자였다.

모악산 대원사의 오층석탑은 전북지역에 많지 않은 신라계 고려 석탑으로 비보사탑설에 따라 조성한 석탑이란 점에서 예술적, 학술적 가치가 높은 문화유산이다. 비보사탑설은 신라 말과 고려 초에 유행한 풍수지리설로 음기가 강하거나 땅의 기운이 쇠하는 곳에 사찰과 탑을 세우면 땅의 기운을 보완할 수 있다고 믿었다. 대원사가 음기가 강한 골짜기에 위치해 있기 때문이다.

  대원사는 천지대도를 깨달은 증산교의 창시자 강증산, 석가모니 부처님의 작은 화신으로 불렸던 진묵대사 같은 큰 인물이 나타나기를 고대하고 있는지도 모른다.

―《수필과 비평(전북)》 2023. 5 /《완산벌에 핀 꽃(영호남수필)》 2023. 5

제5부

전주문화의 꽃 바우설화

전주 사방신의 하나인 거북바우(금암동)

1.
전주의 정신적 지주 완산 장군바우

완산칠봉 또는 남복산으로도 불리는 완산(完山)은 백제 시대부터 전주사람들이 한결같이 정신적 지주로 여겨온 산이다. 천년고도 전주의 옛 지명인 완산의 유래가 된 영기가 어린 산으로 시신을 거꾸로 묻어도 탈이 없을 명당으로 알려졌다. 그 완산의 중심을 이루고 있는 바우가 바로 정상에 위치한 장군바우다. 그 바우는 풍수지리상 천군만마를 거느리는 장군대좌형으로 알려졌다. 그래서인지 완산 장군봉 주변에는 한자명이 칼 검(劍)과 관련된 여러 개의 지명이 있다. 예컨대 북쪽에는 조선 시대 전라감사가 전라도의 행정과 병권을 쥐고 관원과 병사들을 지휘·감독했던 전라감영이 위치해 있다. 서쪽으로 눈을 돌리면 장군이 칼춤을 추는 검무봉(劍舞峰)이 다가오고, 검무봉을 지나 동쪽을 바라보면 장군이 투구를 쓰고 칼을 찬 투구봉과 검두봉(劍頭峰)이 손짓한다. 완산은 전주 부성을 점령하고 입성한 동학혁명군을 뒤 홍계훈이 이끄는 관군이 대치하여 격전을 벌였던 민족의 애환이 스민 역사적인 장소다.

동학농민혁명군은 투구봉에 진을 치고, 관군은 검두봉에 거점을 차리고 싸웠다.

전주는 완산의 용(龍), 건지산의 건(乾), 곤지산의 곤(坤), 서학동의 학(鶴), 금암동의 거북(龜)이 서로 조화를 이루는 축복받은 땅이다. 이에 전주 이씨들은 완산을 발상지로 여겨 조상의 신이 완산에서 내렸다 하여 보호하는 전통이 있다.

완산이 주봉인 장군봉을 중심으로 조선 시대에 전주부성을 안으로 감싸며 동쪽과 북쪽으로 뻗어 내리는 일곱 개 산봉우리를 내칠봉(內七峯)으로 불렀다. 또 전주부성을 밖으로 감싸며 서쪽의 평화동 꽃밭정이로 뻗어 내리는 일곱 개 산봉우리를 외칠봉(外七峯)이라 했다. 이렇게 내칠봉과 외칠봉의 열세 개 봉우리를 완산(완산칠봉)으로 부르고 있다. 어찌보면 감여가(堪輿家)들이 풍수지리설에 의해 주장한 것으로 보인다. 하지만 완산의 줄기에 위치한 산봉우리는 내칠봉과 외칠봉의 열세 개 봉우리 외에 투구봉, 검무봉, 곤지산(초록바우) 등 세 개의 산봉우리가 더 있기 때문에 총 열여섯 개의 봉우리로 봐야 한다.

완산을 가르켜《동국여지승람》은 "일명 남복산(南福山)이라고도 하는데 전주읍을 설치한 후로부터 나무하는 것을 금지했다."고 설명해 주고 있다. 남복산은 전주 부성의 남쪽에 위치해 있는 산으로 전주사람들에게 복(福)을 주는 곳이라는 의미다.

완산의 고유지명은 통일신라 때부터 완산주에 있는 완산으로 불려 왔고, 견훤이 완산주에 후백제의 왕도를 창업했던 영기 어린 곳이다. 완산은 조선 시대에도 선조들이 전주부성의 남쪽을 수호하는 안산(安山)으로 여겨왔던 산이다. 이산의 북서쪽에 위치한 정혜사의 일주문의 현판에도 '완산 정혜사'로 쓰여있다.

완산은 통일신라 때부터 완산주로 불려온 전주의 옛 지명에서 따온 이름이다. 전주문화원이 발간한 『지명으로 보는 전주백년』은 완산의 지명에 대해 다음과 같이 언급하고 있다.

완산동의 완산은 백제 시대 전주를 나타내는 지명으로 사용되었던 것인 만큼 전주의 주요 생활권이었을 가능성을 보여준다. 완산과 전주가 중국의 지명을 본뜬 것이라 하더라도 완산의 지형으로 미루어 본다면 그러한 지명을 사용한 것이 일리가 있어 보인다. 완산동은 완산이 북쪽으로 뻗은 줄기에 에워싸여 있다. 이러한 지형은 마치 전주부성이 남쪽에서 좌우로 뻗은 산줄기에 에워싸인 것과 닮아있다. 즉 작은 고을의 완산의 모습과 큰 고을의 전주는 지형이 매우 흡사하며, 살기 좋은 고장이라는 뜻을 지닌 셈이다.

금송아지바우는 완산 정상의 장군바우의 북쪽 옥녀봉과 무학봉 사이에 둥지를 튼 바우다. 명칭은 그 바우 아래에 있는 금사당골에서 따온 이름이다. 금사봉과 옥녀봉 산자락에 위치한 금송아지 전설에도 금사봉과 옥녀봉이 등장한다. 금사봉은 완산의 풍수지리설에서 장군이 태어날 장군대좌형국의 완산 장군봉에서 서쪽으로 뻗어 내리며 검무봉, 선인봉, 모란봉을 지나 일으킨 외칠 5봉에 해당하는 산이다.

『지명으로 보는 전주백년』,『전주문화유산탐구』, 그리고 금송아지바우 안내판에도 나와 있는 금송아지에 관련된 전설이 두 가지가 있음을 말해주고 있다.

첫 번째 전설은 이렇다. 옛날 완산의 외칠 2봉의 옥녀봉 골짜기에 금송아지 한 마리가 살았다. 산신령이 금송아지에게 이 골짜기를 한 발짝도 벗어나지 말라고 당부했다. 어느 날 천상의 옥녀가 아리따운 목소리로 금송아지에게 "내 목에 걸린 옥구슬 금실이 동강났으니 네 목에 있는 금줄 하나만 빌려주면 옥단지에 천상의 감로수를 담아서 내려와서 네게 주마. 그 물을 마시면 너도 하늘에 올라가 땅에서 볼 수 없는 방초를 마음껏 뜯을 수 있다고 꾀었다. 금송아지는 이 말에 속아 산신령과의 약속을 깜빡 잊고 옥녀가 있는 옥녀봉에 올라가 금실 한 개를 건네자마자 그 자리에서 돌로 변해 바윗덩어리가 됐다.

두 번째의 전설은 어느 날 배 서방이라는 젊은이가 이 바위를 깨면 그 속에서 금이 나온다는 소문을 듣고 탐이 나 눈보라 몰아치는 겨울밤 옥녀봉에 올라와 바우를 깨려고 악을 쓰다 그만 추위에 쓰러졌다. 비봉사몽 간에 산신령이 나타나 꾸짖자 배 서방은 벌떡 일어나 집에 돌아왔으나 얼마 후 죽었다. 이는 산신령의 노여움을 샀기 때문이라고 한다.

어쨌거나 장군바우와 송아지바우는 백제 시대부터 전주사람들이 정신적 지주로 여겼던 완산을 상징하는 바우로 자리매김하고 있다. 나는 완산을 산행할 때마다 전주의 정신적 지주로 추앙받는 장군바우와 금송아지바우를 두 팔 벌려 감싸안는다.

—《전북수필》100호, 2025. 5

2. 후백제 도시구성에 부응한 거북바우

 거북바우는 전주의 사방신 중에서 북방을 방위하는 현무에 해당한다. 거북바우를 비롯한 전주의 사방신은 후백제 견훤이 굳건하고 강한 나라가 되기를 꿈꾸며 몰락한 백제 왕조를 부활시키기 위해 완산주(전주)를 치밀하게 계획하여 힘찬 첫발을 내디딘 것의 하나다. 전주의 사방신은 좌청룡 완산(완산칠봉), 우백호 기린봉, 남주작 중바우(승암산), 북현무 거북바우(구암산)다. 사방신(四方神)은 네 방위신(方位神)인 좌청룡(左靑龍), 우백호(右白虎), 남주작(南朱雀), 북현무(北玄武)를 일컫는다.

 '사방신'은 옛 중국 도교에서 유래된 사신 사상을 고구려가 동서남북 네 가지 방위를 더 하여 발전시켜온 사상이다. 고구려 무덤 벽화에서부터 조선의 사대문 천정 그림을 비롯해 우리 주변에서도 흔히 볼 수 있다. 이 사방신이 천년고도 전주를 온전한 고을로 지켜주고 있는 셈이다.

 전주를 수호하는 사방신을 살펴보면 선조들의 심오한 해학과 풍자가 스며있다.

첫 번째 바우는 전주 북방을 방위하는 북현무(거북)에 해당하는 거북바우다. 그 바우는 금암광장 뒤편에 있는 구 KBS 전주방송국 앞마당이었던 현재의 교통방송 옆 산자락에서 찾아볼 수 있다. 총 길이 17m에 270톤 가량의 바우다. 그 바우 몇 개가 거북의 머리, 등, 다리, 꼬리의 형태를 이루고 있다. 적당히 멀리 떨어져서 봐야만 거북의 형태를 제대로 알아볼 수 있다. 거북바우는 전주의 정북쪽 방향에 해당된다. 거북의 머리는 몸통과 조금 틀어져 중바우를 배경으로 전주의 도심을 바라보는 배를 매어두는 옛 '배맨자리'다. 고지도에 그 거북바우 앞에 현무지(玄武池)라는 연못이 나와 있다.

두 번째 바우는 전주의 좌청룡에 해당하는 용머리 고개로 '용'과 관련된 곳이며 서완산동에 위치한다. 용머리의 주인인 용이 바로 완산(완산칠봉)이다, 완산은 마치 부성을 수호하는 용의 모습과 굉장히 비슷한 생김새다. 멀리서 바라보면 용이 서쪽을 향하여 용트림하는 형국이다. 천년을 기다려 승천하려던 용이 하루를 남겨놓고 힘이 빠져 완산에 떨어져 지금의 용머리 고개가 되었다는 이야기가 있다. 비록 하늘에 오르지 못한 것은 안타깝지만 그 뒤로 전주를 지켜주고 있는 수호신이다.

세 번째 바우는 전주의 우백호에 해당하는 상서로움의 상징으로 여기는 기린봉이다. 기린은 사슴의 몸에 소의 꼬리와 말의 발굽과 갈기, 화려한 빛깔의 털과 이마에 기다란 뿔을 하나 가지고 있는 상상 속 동물이다. '기린아(麒麟兒)'라는 말에서도 알 수 있듯이 훌륭함을 상징한다. 성군이 이 세상에 나올 전조로 나타나기도 한다. 기린이 사신(四神) 중 하나인 백호를 대신한다. 기린봉의 정상에는 바우가 우뚝 솟아있고 전주천과 전주 시가지가 한눈에 잡힌다.

네 번째 바우는 전주의 남주작(봉황)에 해당하는 중바우다. 주작은 붉은 봉황을 말하는데, 수컷(봉)과 암컷(황) 두 마리가 만난 모습을 일컫는 것으로 견훤의 제2 왕궁이 자리했던 중바우다. 오랫동안 동고산성이 견훤의 왕궁터라 추정하기만 했다. 그런데 동고산성을 조사하다가 '전주성'이라는 문자가 박힌 기와와 연화문 수막새, 주작이 그려진 쌍조문 암막새 등이 출토되면서 그 추정이 사실이라는 것이 확인되었다. 또 이 주작이 그려진 쌍조문 암막새는 전주의 남주작이 중바우라는 사실을 뒷받침해 주고 있다.

역사적으로 살펴볼 때 북현무에 해당하는 거북바우가 위치한 금암동은 본디 검암으로 앞검암과 뒷검암으로 나뉘었다, 거북바우(구암산)를 중심으로, 앞검암은 진밭들, 뒷검암은 사평들을 바라보고 앉아 있다.『한국지명총람』에 의하면, 구암산은 예전에 아홉 개 바우(九岩山)가 있거나 거북형상의 거북바우(龜岩山)에서 비롯된 것으로 보인다. 하지만 일제강점기에 본래 거북 구(龜)를 쓰는 구암산(龜岩山)을 아홉 구(九)로 교묘하게 바꿔서 구암산(九岩山)으로 왜곡시켰다.

특히 검암은 현재 금암동이란 동 명칭의 바탕이 되고 있는데 고유어로는 '칼바우'였다. 칼바우는 옛 KBS 전주방송총국에서 기린로 쪽으로 내려선 바우를 가르킨다. 그 바우는 진북사 앞에 있었던 호랑이 아가리터에 있었던 범바우와 마주보고 있었다. 진북사 쪽의 범바우가 드센 기운을 드러내는 것을 견재하는 역할이 바로 이 칼바우였다고 한다. 칼바우 끝에는 배를 매는 배맨바우가 있었고, 그 바위 주변을 배맨자리라고 불렀다. 이 바우들은 기린로가 개설되고 그 자리에 현대자동차 서비스센터가 들어서면서 모두 자취를 감추고 말았다.

본디 금암동의 명칭은 일제강점기에 행정구역 통폐합을 하면서 검암에서 따왔는데 칼 검(劍)에서 오른쪽의 칼날 인(刂)을 떼고 남은 검(僉)자도 금(金)으로 왜곡시켰다. 검(劍)자 보다 금(金)자 더 좋다는 이유였다고 한다.

옛 KBS 전주방송총국 부근에는 거북바우 외에도 큰 바위가 있었다. 마치 모양이 공처럼 생겼다하여 공알바우로 불렸다. 공알바우는 거북바우(구암산)에 있었는데 그 바우 언저리를 파헤쳐 놓으면 뒷검암리 여자가 바람이 나고, 바우 언저리를 묻어 놓으면 앞검암리 여자가 바람이 난다고 전해 왔단다. 이에 앞검암리와 뒷검암리의 두 마을 간에 바우 언저리를 파헤치거나 묻느라고 편싸움이 심했다. 그 바우 아래에는 비가 오면 여섯 명의 사람들이 들어가서 비를 피할 수 있는 굴이 있었는데 형태가 개집처럼 생겨서 개바우라고도 불렸다.

예로부터 고대국가에서 왕궁과 성터는 사신신앙에 입각해서 위치를 잡았다. 따라서 동쪽(청룡) 서쪽(백호), 남주작(붉은 봉황), 북현무(거북)는 왕권의 상징이면서 사방수호의 의미를 지녔다. 이러한 의미에서 볼 때 금암동 거북바우는 북방이 허약한 전주를 수호하는 중요한 의미가 있다고 볼 수 있다.

거북바우는 후백제의 도시구성과 같은 깊은 관련성이 있는 것으로 사령신앙(四靈信仰)에 부응하는 구조물의 하나였다. 여기에 배가 떠나는 행주형(行舟形)으로 전주의 정기가 전주천을 통해서 바닷길로 빠져나가는 것을 막아주는 수호신적인 존재일 가능성이 높다.

— 《완산벌에 핀 꽃》 9집, 2025. 5

3.
천년고도 전주의 산증인 중바우

중바우는 천년고도 전주의 역사를 말없이 지켜보는 산증인이다. 견훤이 완산주에 후백제를 창건한 뒤 나라를 굳건하게 지키기 위해 동서남북에 각각 동고진, 서고진, 남고진, 북고진을 두었다. 여기에 각 진마다 사방을 굳게 지키는 동고사(중바우), 서고사(황방산), 남고사(남고산), 북고사(호암산)를 두어 외침을 막고자 하였다.

오금이 저리는 중바우 벼랑에 서면 선조들이 정신적 지주로 여겨온 완산(완산칠봉), 조선 시대 한량들이 활을 쏘았던 다가산 천양정을 비롯한 전주시가지가 한눈에 잡힌다. 옛 싸전다리(전주교)나 남천교에서 동쪽을 바라보면 상서로운 기린형상의 기린봉 우측으로 중바우의 바우벼랑이 눈앞을 가득 채운다. 그래서 선조들은 중바우의 바우 벼랑 모습이 마치 스님이 고깔 쓰고 승무(僧舞)하거나 참선하는 형상이라 하여 중바우로 불렀다.

옛적에 성황사가 있어서 성황산으로도 불렀다. 중바우에 있었던 성황사는 동고산성 터에 있었던 서낭당이었다. 제신은 김부(金傅)대왕과 그의 가족이라고 일컬어 오는 오체(五體)의 소상(塑像)으로서 신단의 오른쪽으로부터 둘째 부인 최씨, 대왕, 태자(최씨 소생), 태자매(太子妹), 정후 허(許)씨의 차례로 배열되어 있다. 전주 성황사가 언제부터 있었는지는 알 수는 없으나 고려 신종 때 전주목 사록(司錄) 겸 장서기(掌書記)로 있던 이규보(李奎報)가 이에 제사를 올리는 제신문이 그의 문집 동국이상국집(東國李相國集)에 남아있으므로 창설은 그 이전에 된 것으로 볼 수 있다.

　조선조 태조 때 전주 성황신을 계국공(啓國公)으로 봉하였는데, 전주의 성황사는 본래 기린봉 북쪽 기슭에 있었다. 그런데 중종 때 관찰사 이언호(李彦浩)가 소상을 괴철하고 위판(位板)으로써 이를 대체하는 동시에 곤지산(坤止山)으로 옮겨 단을 쌓았다가 그 후 현재의 중바우 북쪽의 위치에 옮겨졌다고 하며 지금의 당집은 정갑손이 중수하였다. 일제강점기에는 중바우를 행정구역 통폐합이라는 미명 아래 한자명을 승암산(僧岩山)으로 고쳤다.

　동고사는 중바우 남쪽에 있는 절집으로 조선 시대에 전주부성의 동쪽을 진호(鎭護)하였다. 동고산성은 중바우 북쪽으로 벼랑을 뚫은 수구 위에 있는 옛 성터로 동고사 이름을 땄다. 조선 영조 때 전주부성을 확장한 관찰사 조현명이 성황신(城隍神)에게 제를 올린 뒤 돌을 헐어다가 부성을 넓혔다고 한다.

지금도 성문터와 제2 궁터들이 완연히 남아있다. 활 또는 반달 모양으로 생긴 후백제의 도읍이 있었다. 동고산성 안에 위치한 반월형 대지 위에 단일 규모로는 가장 큰 건물이 발굴되었다. 전주성이란 글씨가 새겨진 통일신라 말기의 양식인 연꽃무늬의 수막새와 쌍조 무늬의 기와가 발견되었다. 동고산성은 상성, 내성, 외성 등이 전주시가지를 동쪽으로 에워싼 형태로 발굴되어 지방기념물로 지정되었다.

선조들은 우리 고유지명의 사전인 『한국지명총람』을 통해 "중바우는 발산 동쪽에 있는 바위 벼랑으로 된 산으로 벼랑의 모습이 마치 고깔을 쓴 중들이 늘어선 것같이 보인다. 성황사, 승암사(동고사)가 있고 북쪽에 승암산성(동고산성)이 있다."고 말해준다.

『한국지명유래집』을 통해 고찰해 본 중바우는 이렇다.

"중바위(승암산, 치명자산)는 전주시의 풍남동에 위치한 산이다. 전주 시내 방향에서는 매우 급경사를 형성하고 있으며, 산 아래에 전주천이 흐르고 있다. 산의 정상에는 암석층이 발달해 있는데 중이 염불하는 모양을 닮았다 하여 중바우라 부르게 되었다. '바우'는 바위의 전라도 사투리다. 이 지명을 일제강점기에 한자어로 바꾸면서 승암산이라 칭하였다. 정상 아래에는 동고사가 있다. 천주교인들은 조선 시대 신유박해로 순교한 천주교 신자들이 묻힌 산이라는 뜻으로 치명자산이라 부르고 있다. 산의 중턱에는 천주교 성당이 있으며 대표적인 천주교 순례지다."

하지만 치명자산은 『한국지명총람』, 『완산지』, 국토지리정보원 〈지형도〉에도 기록이 없는 지명으로 최근 중바우 남쪽 끝자락에 천주교인들이 조선 시대 신유박해로 순교한 천주교 신자들이 묻힌 산이라는 의미로 부르는 이름이다.

이에 『전주의 산하』 조사단은 고증위원들과 협의하여 예로부터 선조들이 소중히 여겼던 중바우와 천주교인들이 부르는 치명자산은 별개의 산으로 분류하기로 했다. 치명자산은 중바우의 남쪽 끝자락에 있는 천주교 순교자 묘지와 성당 등이 있는 뒷산으로 한정해야 옳다.

후백제를 창업한 견훤은 중바우에 동고산성을 쌓고 제2 궁성과 동고사를 두어 나라를 굳건하게 다스리고자 하였다.

—《은빛수필》 2025. 5

4.
용과 범의 맥이 흐르는 진북사 범바우

호랑이 아가리터에 지은 호암산 진북사에 들면 용과 범의 강한 맥이 느껴진다. 그래서 선조들이 전주 천변에서 한눈에 잡히는 호암산의 진북사를 용과 범 형상의 강한 맥이 흐르는 기도처로 여겼다. 풍수지리적으로도 용머리고개는 용의 머리, 유연대와 완산(완산칠봉)은 승천하려고 용트림하는 몸통 형상, 호암산은 용의 맥이 흐르는 호랑이 형상으로 알려져 있다. 오늘도 아담한 절집 진북사는 화산공원으로 불리는 유연대 끝자락 호암산 동쪽 기슭에 아슬아슬 매달려 불자들을 맞는다. 조선 시대부터 유연대는 구름이 뭉게뭉게 피어나는 모양이거나 저절로 일어나는 형세가 왕성해서 인재 배출의 요람인 화산서원이 자리 잡았다.

선조들은 완산승경에서 '유연대에서 해지는 저녁노을의 풍경을 유연낙조(油然落照)'라 읊었고, 진북사에 비치는 달빛을 진북쇄월(鎭北灑月)'로 묘사했다. 우리 고유지명 사전의 효시인 『한국지명총람』은 '범바우(부엉바우)는 진북사 앞 벼랑에 있는 바우로 모양이 부엉이 또는 범 같다.'고 서술해 놓았다. 그래서 진북사는 일명 부엉이바우절 또는 범절바우절로도 불린다.

　본디 진북사는 삼국 시대 도선국사가 창건한 절로 북고사라 했다. 후백제 때는 견훤이 완산주(전주)에 도읍을 세운 뒤 동서남북에 각각 동고진, 서고진, 남고진, 북고진을 두었다. 그리고 각 진마다 사방을 굳게 지키는 동고사, 서고사, 남고사, 북고사라는 사찰을 두어 외침을 막고자 했다. 진북사는 전주부성 4대 비보사찰의 하나였다. 그 뒤 전라관찰사 이서구가 풍수지리설에 따라 전주부성의 북쪽을 보강하기 위하여 이 절에 나무를 심고 진북사로 고쳐 부른 뒤 오늘에 이르고 있다. 그러나 전주의 지형으로 볼 때 호암산 진북사는 북방이 아닌 서방을 호위하고, 황방산의 서고사가 북방을 호위한다고 표현해야 옳을 성싶다.

　선조들은 진북사 앞 벼랑에 있었던 범바우가 호랑이 형상이라서 호암산(虎岩山)이라했고, 부엉이처럼 생겼다고 해서 부엉바우, 잉어형국이라서 잉어바우로도 불렀다. 잉어바우는 부엉이바우 남쪽에 있었는데 금을 채취하면서 남포를 발파해서 남포간이라고도 불렀다.

　고사(故事)에는 '워낙 바위등성이인지라 호랑이 아가리 쪽을 헐어서 본전을 증축하고 호랑이 턱에 해당하는 법당 뜰에 원형을 맞추어 축대를 쌓았는데 번번이 무너졌다.'고 전해 온다. 상서로운 기린형상의 기린봉에 달이 두둥실 떠오를 때 호랑이가 시뻘건 입을 벌려 쳐들고 전주부성을 내려보며 수호하는 양상이었다. 기가 허약한 전주 북방을 누르고 있다는 점에서 숲정이와 더불어 진북사라는 설화는 제법 의미가 깊다 할 수 있다.

진북사 경내에는 숲정이 바람 속에 다소곳이 서 있는 미륵불의 품속에 정적이 흐른다. 법당 본전의 위편 바위 등성이를 타고 좁혀진 곳에 있는 산신각은 전라감사 이서구가 터를 잡았다. 애초에 그가 일필휘지한 진북사란 현판을 걸었으나 지금은 이두황의 현판이 걸려있다.

호암산 바위 절벽에 걸쳐 있는 산신각은 진북사에서 가장 오래된 건물이다. 롯데아파트 신축공사 때 바위 발파작업으로 무너질 위기를 겪기도 했다. 대웅전은 물감에 황금색을 넣은 듯하게 야간 누런빛이 감도는 단청이 이채롭다.

진북사 미륵불상에는 다음과 같은 전설이 스며있다.

> 미륵불이 절 인근에 사는 한 노파의 꿈에 나타나 '나는 전주 천변에 있는데, 현재 매우 괴로우니 편안하게 옮겨주면 소원을 들어주겠다.'고 하였다. 다음날 노파가 나룻배를 타고 이 절 아래의 전주 천변 늪으로 가서 이 불상을 찾아냈다. 그 뒤 그 절의 신도들이 미륵전을 짓고 미륵불을 남향으로 세웠다. 그런데 미륵불이 일꾼들의 꿈에 나타나 동향으로 옮겨달라고 하였다. 그 일꾼들이 무거워서 옮기기 어렵다고 하자, 손만 대면 움직

일 것이라고 하였다. 다음날 주지와 일꾼이 미륵불을 모신 불단에 손을 대자 저절로 동향으로 옮겨졌다고 한다.

용호상박(龍虎相搏)을 연상케 하는 용과 범의 강한 맥이 느껴지는 호암산은 고덕지맥의 산줄기가 호남정맥 한오봉에서 북쪽으로 갈려 나와 고덕산, 남고산 갈림길, 학산, 완산, 용머리고개, 다가산, 유연대, 호암산(진북사 뒷산)을 거쳐 서신동 고사평으로 뻗어가다가 전주천 앞에서 그 맥을 다한다. 하지만 호랑이 아가리터에 지어진 진북사 범바우는 일제강점기에 완전히 발파되어 그 흔적을 찾을 수 없어 호암산과 범바우절이라는 명칭을 무색하게 한다.

어쨌거나 진북사는 수줍은 새색시처럼 숲속에 숨어 사람의 눈에 잘 드러나지 않는다. 하지만 하늘 향해 고개를 든 바위를 깎아 지어진 산신각은 좋은 기도처로 느껴진다. 여기에 진북사는 전주의 정기가 전주천을 통해서 만경강으로 새어 나가는 것을 막아주고 있어 안정감을 더해 주고 있다. 이게 바로 조선시대에 선조들이 염원했던 전주부성을 수호하는 비보사찰(裨補寺刹)의 비법이었다.

비록 지금은 흔적을 찾아볼 수 없지만 호암산 진북사 앞에 시뻘건 아가리를 벌리고 버티고 서 있었던 범바우는 금암동 거북바우를 견제하며 전주부성을 지켰던 수호신이었다. 호랑이 아가리터(범바우)에 지은 호암산 진북사에 들면 용과 범의 강한 맥이 느껴진다.

― 《전북문학》 2025 여름통권 299호

5.
정체성 복원을 갈망하는 갓바우

　시린 쪽빛 물결이 일렁이는 아중호수와 풋풋한 봄빛으로 물들어가는 상서로운 기린봉 자락에 안긴 갓바우마을을 『전주의 산하』 답사를 위해 찾았다. 아뿔사, 이십 년 만에 찾은 마을의 산천은 의구했건만 인재배출의 요람 구실을 했던 마을은 빈집이 즐비하고 노인들과 개들이 요란하게 짖어대며 빈객을 맞았다. 게다가 이 마을을 상징하는 갓(冠)을 쓴 선비 형상의 갓바우 마저 무너져 정체성을 잃고 말았다. 인걸지령(人傑地靈)이란 옛 명성이 무색했다.
　예로부터 갓(冠)을 쓴 형상의 갓바우는 이 마을 뒷산에 우뚝 서서 수호신 역할을 해주었던 버팀목이었다. 다행히 갓바우와 함께 마을 앞뒤를 수호신처럼 지켜주었던 청동기시대의 고인돌은 예나 지금이나 변함이 없었다. 이 고인돌은 예로부터 학계의 비상한 관심을 끌고 있는 유서 깊은 유산이었다.
　그런데 마을의 북방을 수호했던 갓바우가 무너진 뒤부터 청년들이 하나둘 마을을 등지거나 액운이 잦았다. 더욱 가슴 시린 것은 일제강점기 때 행정구역 통폐합을 하면서 토속적인 갓바우마을의 한자명을 관암(冠岩)으로 왜곡시켰다는 사실이다. 갓바우도 덩달아서 일본인들에 의해 관봉 또는 관암봉(冠岩峰)으로 창씨개명을 당한 꼴이 되었다.

우리나라 고유지명 사전의 효시인『한국지명총람』은 '갓바우는 아중저수지 남쪽에 있는 마을로 뒷산에 갓바우가 있는데 사람이 갓(冠)을 쓰고 있는 것 같다.'고 서술했다. 이는 관암(冠岩)이 아닌 갓바우가 고유지명임을 말해주고 있는 셈이다. 마을 토박이 김영승 노인회장은 "갓바우가 무너진 뒤부터 마을이 정기를 잃었다."며, "갓바우가 복원돼서 정체성을 되찾았으면 좋겠다."고 갈망했다.

본디 갓바우 마을이 속해 있는 아중리는 완주군 용진면의 지역으로 임진왜란 때 왜병이 막을 치고 있다가 전멸당했던 왜막실이 아막실 또는 아중이로 변했다. 일제강점기인 행정구역 통폐합 때는 한범리, 인교리, 무릉리, 관암리(갓바우), 신동리, 아하리, 용계리, 재전리를 병합하여 아중리라 하였다. 그 뒤 완주군에서 전주시로 편입되어 오늘에 이르고 있다.

조선 시대 지금의 우아동에 속했던 아중리와 갓바위마을은 전주부성의 한쪽 귀퉁이안 변방에 속했다. 인후동과 남노송동 경계에 있는 마당재를 넘어서면 은빛 물결이 넘실거리는 아중호수가 나오는데 이 호수의 물은 아중리와 초포 들녁을 비옥하게 만드는 젖줄이었다. 갓바우마을 동쪽 광터골에는 광맥이 있다 하여 사람들이 많이 드나들기도 했다. 무릉도원을 상징하는 문수골은 갓바우 서쪽에 있는 마을로 골짜기가 길어 가뭄에도 물이 마르지 않았다. 그 골짜기에 문수보살을 모시는 절집이 있어 문수골이라 불렀다. 도교적인 이름과 관련있는 무릉굴이라 부르기도 하였다. 문수골은 무릉(武陵) 또는 무능마을로 부르고 있는데 마을 사람들은 문수골로 불러야 쉽게 알아듣는다.

예나 지금이나 갓바우 마을 앞에는 청동기 유물로 알려진 여러 기의 고인돌이 마을의 수호신처럼 지키고 있다. 고인돌은 저수지 위에도 있고 갓바우마을 회관 앞에도 있다. 움막집 부근에도 세 개의 고인돌이 있고, 논 가운데 있는 고인돌에는 성혈이 오십여 개나 파여있다. 이 고인돌이 중심이 되어 주변에 고인돌을 아우르는 듯한 인상을 주고 있다. 고인돌 위쪽에 홈이 파여있거나 구멍이 있다. 이를 바위구멍, 홈구멍, 알구멍, 성혈 등으로 부른다. 바위구멍을 유심히 살펴보면 넓고 깊게 파여 진 것과 작고 얕게 파낸 것이 있다. 규모가 작으면서 넓게 분포되어 있는 것은 성혈(性穴)로 불린다. 성혈은 생산과 풍요, 자손 기원 등 민간신앙이나 원시종교의 흔적, 불씨 제작에 사용되었을 것으로 보인다. 갓바우마을 앞 고인돌에는 성혈을 깊이 판 것과 얇게 판 것이 있고 바위 전체에 골고루 나타나고 있다. 고인돌 위에 성혈이 새겨져 있는 것은 이웃의 봉동 꼭지봉 아래 고인돌에도 삼 백여 개가 존재하고 있다. 전주에서 발견된 것으로는 관암마을 고인돌이 성혈 개수가 많은 것으로 알려졌다.

갓바우마을 앞 고인돌은 고창의 고인돌에 비해 그 규모 면에서는 왜소하다. 하지만 청동기시대의 유물로 민간신앙의 생산과 풍요 등을 염원하는 마을의 수호신으로 추앙받고 있다. 전주 갓바우 또한 전국 최고의 기도처로 소문난 대구 팔공산 관봉(冠峰)의 갓바우에 비해 규모 면에서 미약할 수밖에 없다. 그러나 고인돌과 함께 마을의 수호신이었기에 사람들이 경외심을 갖고 바라보았던 값진 유산이 아닐 수 없다.

이에 갓바우마을 사람들은 일제가 왜곡한 마을 지명과 무너진 갓바우를 하루빨리 복원해야 마을이 정체성을 되찾게 된다고 목소리를 높이고 있다. 일제강점기에 관암(冠岩)으로 왜곡된 갓바우마을과 작별하고 돌아서려는 화자의 발길이 무거웠다. 부디 행정당국에서는 갓바우마을 사람들의 목소리를 경청해야 할 일이다.

―《행촌수필》 2025. 5

6.
군왕지지 회안대군 묘소 응시하는 괴바우

　법사산은 전주시 우아동 금상동(법사뫼)마을에 위치한 태조 이성계의 넷째 아들 회안대군 이방간이 묻힌 임금이 태어날 군왕지지의 명당을 품었다. 그래서인지 회안대군의 묘가 있는 마을의 지명도 임금을 의미하는 금상(今上)동이다.
　회안대군 이방간이 세상을 뜨자 동생인 이방원은 지사(地師) 세 명을 보내 명당자리로 알려진 전주 금상동 법사산에 장사 지내도록 했다. 하지만 귀경한 지사가 이방간을 군왕이 될 명당자리에 묻었다고 하자 소스라치게 놀란 나머지 당장 가서 왕이 태어날 묘의 맥을 끊으라 명했다고 한다. 결국 이방간은 이승에서는 이방원과 벌인 형제의 난에서 실패해 왕으로 등극하지 못했다. 그리고 사후에는 군왕지지의 명당에 묻혔음에도 불구하고 동생 이방원이 혈맥을 끊는 바람에 본인은 물론 자손까지도 왕에 등극하지 못하게 된 셈이다.
　화자는 임금이 태어날 군왕지지로 알려진 회안대군 묘와 법사산 주변을 두루두루 살폈다. 그리고 법사산 정상에서 깨진

바위와 산 중턱에서 두 개의 큰 웅덩이를 파서 혈맥을 끊은 흔적을 목격할 수 있었다. 그 큰 웅덩이를 이방간의 후손들이 메우려고 노력했으나 워낙 커서 다 메우지 못할 정도였다고 한다. 한국전쟁 때는 인민군들이 마을 사람들의 소를 몰래 훔쳐다가 그 웅덩이에서 잡아먹었을 정도로 컸다고 한다. 어쩌면 우리 민족정기를 말살시키기 위해 국토의 혈맥을 끊고 쇠말뚝을 박았던 일제보다 골육상쟁의 골이 더 깊었는지도 모른다.

더욱 가슴 시린 것은 최근 완주-광양 간 고속도로가 건설되면서 회안대군 묘소 아래로 터널이 뻥 뚫렸다는 사실이다. 임금이 될 군왕지지라는 이유로 땅 위에는 혈맥이 끊기고 땅속으로는 터널이 뚫려서 보는 이의 가슴을 아프게 한다.

'완산승경'은 회안대군 이방간의 억울하고 원통함이 응어리진 천추의 한을 빛대어 그의 묘소를 '법사장한(法史長恨)'으로 명명했다.

> 법사봉전장한루(法史峰前長恨淚)
> 법사봉 앞 오래 맺힌 한으로 눈물 흐르는데
> 회사영월불금비(回思寧越不禁悲)
> 법사뫼를 완산부성의 영월이라 불러 돌이켜 생각하니
> 슬픔을 금할 길 없네

이방간은 동생인 이방원과 왕권을 다투다 그랬으니 단종이 세조에게 왕권을 찬탈당하고 영월 유배지에서 목숨까지 빼앗긴 아픔보다는 덜할지 모른다. 그러나 이방간은 동생 이방원과의 왕권 다툼 한번 잘못했다가 이생을 넘어 사후까지 이어지는 골육상쟁(骨肉相爭)의 한을 감수해야 했다.

한국 고유지명의 사전인 『한국지명총람』은 '무학대사가 법사산의 늙은 쥐가 먹이를 먹으려고 밭으로 내려오는 노서하전혈(老鼠下田穴)이 있다 하여 법사산이라 하였다. 이 산에 회안대군(懷安大君) 방간의 묘가 있다.'고 기록해 놓았다. 또 금상동 주민의 장현태 옹도 풍수지리상 "법사산의 늙은 쥐가 금상동의 괴바우 들녘으로 곡식을 먹으러 내려오면 괴바우(고양이 형상)가 늙은 쥐를 잡아먹으려고 호시탐탐 노려보고 있는 형국인데 법사산 남쪽에 있는 호랑이 형국의 호동골봉(부엉산)이 지키고 있어서 잡아먹지 못한다.'고 고증했다.

아마도 『한국지명총람』의 기록과 장현태 옹의 고증은 이방원처럼 임금이 태어날 군왕지지의 명당을 늙은 쥐가 먹이를 먹으려고 내려오는 노서하전(老鼠下田) 형국으로 비하시킨 것으로 보인다.

어쩌면 회안대군 이방간은 불행한 삶을 살다 간 불운아였다. 그는 아버지 이성계의 조선 왕조 창업에 힘을 보탰지만 박포의 충동질에 왕자의 난을 일으켰다가 실패하여 토산에 유배되는 수모를 당했다. 그 뒤 이곳저곳으로 옮겨 다니다가 말년에 완주군 봉동읍 구만리 천래마을에 은거하다가 홍주에서 병들어 죽었다.

그 뒤 전주시 우아동 금상마을 법사산에 묻혔다. 회안대군 묘의 형태는 조선 시대의 일반적 형태와 달리, 태인의 정극인 묘처럼 이방간 부부 묘가 세로 방향으로 조성됐다. 아래쪽이 부인의 묘이고 위쪽 회안대군 이방간의 묘다.

어쨌거나 이방간은 조선 시대 초 정치사의 한 주역일 뿐만 아니라, 전주 지역 역사와 관련해서도 주목받고 있는 인물이다. 전주는 임금이 될 군왕지지의 명당인 회안대군 이방간의 묘를 비롯한 조선 왕조의 발상지로서 역사적 특질과 유산을 지니고 있다. 괴바우는 노서하전의 형국으로 비하시킨 이방원의 속내와 이방간의 응어리진 회한을 아는지 모르는지 오늘도 이방간의 묘를 응시하고 있다.

—『완산벌에 필 꽃(영호남수필)』제9호 2025. 5

7.
전주의 3대 바람통 초록바우

전주 미래유산으로 지정된 곤지산 초록바우는 전주 사람들 공통의 이야기가 만들어졌던 자연경관으로 꽃을 피웠다. 조선시대 전주부성의 남쪽 전주천 너머에 위치한 곤지산의 암석 절벽이 초록색으로 보여서 초록바우라 불렀다. 하지만 오늘날의 곤지산 초록바우는 집중호우로 유실된 전주천 제방공사와 도로공사로 본래의 모습을 잃고 말았다.

초록바우는 조선 말기에 김개남 장군 등 동학농민군과 천주교 신자들이 처형당했던 가슴 아픈 역사를 안고 있다. 조선시대에는 죄수들을 효수하던 곳으로 나뭇가지가 바람에 흔들리면서 지나는 사람들의 등골을 오싹하게 만들기도 했다. 동학혁명의 지도자 김개남 장군과 천주교인들의 처형된 순교지여서 더욱 오금을 저리게 했다. 새남터에서 순교한 남종삼(요한)의 아들 남명희와 순교자 홍봉주(토마스)의 아들은 천주교도라는 이유로 전주천에 수장되기도 했다. 이에 후대 사람들이 초록바우를 전주의 삼대 바람통(바람퉁이)의 하나로 불렀다. 전주에서 바람이 시원한 세 곳을 가리키는 그 바람통은 이른바 동서학동의 좁은목, 진북동의 숲정이, 완산동의 초록바우였다.

풍수지리상 곤지산 초록바우는 목마른 말이 전주천 물을 마시는 갈마음수(渴馬飮水格) 형국이다. 초록바우 윗쪽에 있었던 흡월대(吸月臺)는 곤지망월(坤止望月)의 장소로 전주 10경의 하나였다. 초록바우를 품은 곤지산은 조선 시대 전주부성의 남쪽을 수호했던 땅(坤)을 지칭하는 안산(案山)으로 여겼다. 전주교(싸전다리) 건너에는 천연기념물인 이팝나무의 숲속에 초록바우가 있다. 해마다 오월이면 수령 이백 년이 넘은 스물네 그루의 이팝나무의 하얀 꽃이 흐드러지게 피어 장관을 이룬다.

선조들은 『한국지명총람』을 통해 '초록바우는 곤지산 기슭에 있는 바위로 빛이 검푸르다.'고 자연경관을 묘사했다. 전주천 변에서 나무계단을 오르면 곤지산 정상에서 전주 시가지를 한눈에 조망할 수 있다. 곤지산 숲길 안내판 등이 있고 서쪽에는 완산도서관과 완산공원 꽃동산, 그리고 투구봉 정상에는 동학농민혁명 녹두관과 전망대 등이 탐방객을 맞는다.

조선 시대의 전주부성의 주민들은 전주의 진산이자 북방을 지키는 건지산(乾止山)을 하늘 산, 곤지산(坤止山)은 남방을 지키는 땅 산(案山)으로 여겼다. 하늘과 땅이 서로 만나 완산(完山)이 되고 완전한 고을 전주가 될 수 있었다고 믿었던 까닭이다. 정월 대보름날 달집을 태운 뒤 기린봉 위로 휘영청 떠오르는 달(기린토월)을 향해 소원을 빌면서 꽃비 내리듯 달빛에 젖은 전주천 풍광에 취하던 모습을 곤지망월(坤止望月)로 노래했다.

초록바우 위에 있는 곤지산 흡혈대(吸月臺)는 온 고을 여인들의 축제 무대였다. 조선 시대부터 부녀자들이 곤지산 흡혈대에서 생산과 풍요의 상징인 보름달을 향해 절을 하며 달 기운을 가슴 깊이 들이마시며 혈력보강과 임신을 원했고, 처녀는 시집가기를 소망했던 연유다. 이처럼 우리 민족 고유의 세시풍속에는 자연의 변화에 맞추어 살아가던 조상들의 지혜가 오롯이 담겨있었다.

곤지산 자락은 전주부성에 사는 서민들의 삶을 떠맡아 주는 소중한 무대였다. 곤지산과 초록바위의 통로는 전동성당과 전주감영의 풍남문 사이로 난 지금의 전주교인 싸전다리였다. 전주천에 제방을 쌓은 뒤부터는 곤지산 자락을 방천리로 부르기도 했다. 전주부성에서 필요한 땔감을 사고팔았던 연유로 나무전거리로도 불렸다. 변변히 먹지도 입지도 못한 채 북풍한설에 오들오들 떨리는 발을 동동 굴리며 언 손을 입김으로 호호 불어가며 땔감을 팔던 나무꾼들의 모습이 상기도 눈에 선하다. 불과 오십 년 전 만해도 성시를 이뤘던 나무전거리도 곤지망월의 풍정과 함께 역사의 뒤안길로 숨어들었다.

예전의 곤지산 매력은 전주천에서 깊숙이 내리뻗은 지형으로 깎아지른 절벽과 울창한 숲이었다. 오늘날 곤지산과 투구봉 자락은 주택이 빼곡하게 들어서고 도로가 확장되면서 곤지망월의 옛 풍정을 잃어버렸다. 다행히 투구봉과 곤지산 사이에는 전주시립도서관이 둥지를 틀면서부터 묵향이 그윽하게 묻어난다. 봄이면 투구봉에 조성된 완산공원 꽃동산에는 진달래, 겹벚꽃, 조팝 등 울긋불긋 꽃 잔치를 벌이며 상춘객들의 마음을 황홀경으로 몰아넣는다.

최근 이팝나무 군락과 초록바우가 전주미래유산으로 지정되어 그 명맥을 이어가고 있어 다행스럽다. 정월 대보름날 곤지산에 올라 달맞이를 즐기며 종족 보존과 저마다의 소원을 빌었던 지고지순한 민족 고유의 세시풍속이 그리운 세상이다.

해마다 오월이 되면 곤지산 초록바우에는 희귀한 이팝나무들이 순교자와 참형자들의 영혼을 달래듯이 하얀 꽃비를 뿌린다.

―《은빛수필》 2025. 5

8.
각시바우를 그리다

　예전의 전주 사람들은 오뉴월 염천이면 여름앓이를 했다. 전주천의 각시바우와 서방바우에서 불알친구들과 멱감고 천렵(川獵)을 즐겼던 그리움과 설화의 무대였던 연유다. 두 바우는 학이 맺어준 남녀의 애틋한 사랑, 신혼의 꿈을 못다 이룬 신혼부부의 전설, 고부간의 갈등으로 세상을 등진 아들 부부 이야기 등 세 가지 정서적 감흥을 일으키는 설화가 서려있다. 최근 전주시립예술단이 정용 도령과 연화 낭자의 아름답고도 슬픈 사랑이야기를 창작음악극으로 꾸민 〈각시바우 사랑〉을 공연해서 화제를 모으기도 했다.『전주 이야기』에도 각시바우를 그릴 수 있는 전주설화가 담겨있다.

　무더위가 기승을 부리는 2024년 7월 여름앓이를 잠재울 심산으로『전주의 산하』답사단과 옛 추억을 간직한 각시바우를 찾았다. 어즈버, 동무들과 멱감고 천렵을 즐겼던 각시바우와 서방바우의 풍취는 온데간데없고 쓸쓸한 정적만 감돌았다. 오십 년 전만 해도 전주 사람들은 으레 그곳에서 멱감으며 한여름의 무더위를 견디곤 했다.

　남정네들은 서방바우, 아녀자들은 각시바우에서 멱감는 것을 불문율처럼 여겼다. 남정네들은 무덥다고 느껴지면 낮과 밤을 가리지 않고 멱감고 천렵하러 그곳으로 달려갔다. 하지만 그 시절만 해도 남녀유별이라서 아녀자들은 밤이 되어야 각시바위에 모여서 멱을 감을 수 있었다. 달 밝은 밤이면 짓궂은 총각들은 냇가 언덕이나 바위 뒤에 몸을 숨기고 아녀자들의 멱감는 모습을 훔쳐보며 '낄낄'거렸다. 요즘 MZ세대로서는 도무지 상상할 수 없는 먼 옛날이야기가 아닐 수 없다.

　예전에는 두 바우의 주변은 수심이 무척 깊어서 멱 감다가 익사 사고가 가끔 일어나 가족들의 애간장을 녹이기도 했다. 그 뒤 인구 증가로 전주천에서 상수원을 취수하거나, 홍수 때 흘러온 토사 등으로 전주천의 수심이 낮아져서 멱 감을 터전을 잃고 말았다. 섬진강 유역의 임실 관촌 방수리에서 도수로를 뚫어 만경강 유역의 전주천으로 물을 흐르게 하였으나 수원이 부족하기는 매한가지였다.

　게다가 상류와 고덕산 등에 폭우가 쏟아지면 전주천이 범람해 농경지와 도로가 유실되는 일이 다반사였다. 물난리가 나면 전주천으로 소와 돼지 등이 떠내려오고 남부시장 천변에 상인들이 쌓아둔 물건들이 휩쓸려 가기도 했다. 홍수 때마다 두 바우는 물속에 잠기가 일쑤였고, 흙탕물이 몰려들어 며칠 동안은 멱감을 엄두를 내지 못해 조바심쳤다.

그런가 하면 두 바우는 목욕하고 천렵을 즐기는 곳뿐 아니라 세 가지 전주 설화를 간직한 명소로도 알려졌다.

첫 번째는, 먼 옛날 금슬 좋은 신혼부부가 구박을 일삼는 시어머니의 횡포에 견디다 못한 새댁이 각시바우에 올라 짙푸른 물에 빠져 죽자, 슬픔을 감당하지 못한 남편도 뒤따라 바위에서 뛰어내려 아내 곁으로 가고 말았다는 설화다.

두 번째는, 옛날 가마꾼이 위험한 바윗길에서 발을 헛디디는 바람에 신부를 태운 꽃가마가 절벽에서 굴러서 신부가 물에 빠지자, 신랑이 구하려고 물속으로 뛰어들었지만 둘 다 죽었다는 신혼의 꿈을 못다 이룬 부부의 애처로운 설화다.

세 번째는, 조선 태조 때 원님의 딸 연화 낭자와 정 판서의 손자 정용 도령은 전주부 사정(射亭)이 있는 지금의 서학동에서 화살 맞은 학을 치료하다가 운명적으로 만나 결혼하게 되었다. 그런데 사냥 나갔던 정용 도령이 호랑이의 공격을 받아 숨을 거둔 채 전주천으로 떠내려오자 연화낭자도 전주천에 몸을 던지고 말았다는 학(鶴)이 이어준 애틋한 사랑과 슬픈 각시의 설화다.

예전에 전주사람들이 멱감고 천렵하던 서정적인 전주 설화를 간직한 각시바우와 서방바우는 옛 모습을 잃은 채 찾는 이가 없어 쓸쓸하게 세월을 보내고 있다. 공자는 '온고지신(溫故知新) 정신은 아무리 강조해도 지나침이 없다.'고 설파하였다. 그런데 선조들에게 사랑받았던 전주 설화들이 하나둘 잊혀가고 있어 안타까움을 더해 주고 있다. 화자는 우리들의 뇌리에서 잊혀가는 각시바우와 서방바우를 그리며 해마다 여름앓이를 하고 있다.

―《전북수필》 2025. 4

9.
호남의 명소 모악산 쉰질바우

 우리 땅 어느 산천을 가도 그 지역을 대표하는 바우 설화가 있게 마련이다. 호남의 명소로 알려진 모악산에도 아주 특이한 전설을 간직한 두 개의 바우가 있다. 바로 어머니가 아이를 업고 있는 형상의 모악산 쉰질바우와 나무꾼과 선녀가 사랑에 빠져 바우로 변했다는 사랑바우다. 모악산의 상징이 된 쉰질바우의 "쉰질"은 호남지방의 방언으로 사람의 키로 오십 명(쉰길)의 높이라는 의미다.
 첫 번째 모악산 설화를 간직한 쉰질바우의 전설을 살펴보면 흥미롭다.

 먼 옛날 모악산은 바다 한가운데 우뚝 솟은 비위 섬이었다고 한다. 옥황상제의 딸 옥녀가 하늘에서 내려다보니 바위섬으로 된 모악산이 너무 아름다워 시녀들을 데리고 물놀이를 왔다. 경치에 취한 옥녀 일행이 탄 배가 쉰질바우에 걸려 뒤집어지는 바람에 모두 바다에 빠져 죽고 말았다. 사랑하는 딸을 잃은 옥황상제는 진노하여 모악산 바위섬 주변의 바닷물을 모조리 말려서 산이 되었다고 한다.

두 번째 모악산의 설화를 간직한 사랑바우 이야기는 선녀와 나무꾼의 지고지순한 사랑이야기로 전개된다. 호남의 명소로 알려진 모악산 정상에서 수왕사길로 하산하다 보면 큰 바위를 타고 흘러내리는 선녀폭포를 만나게 된다. 이 폭포에는 선녀와 나무꾼의 사랑을 나누다가 돌이 되어버린 사랑바우 전설을 간직하고 있다.

그 사랑바우는 모악산 대원사 아래에서 남쪽 천룡사와 천일암(옛 동곡암) 방향으로 오르면 시원한 계곡물이 흐르는 산모롱이에 사랑을 속삭이는 한 쌍의 남녀처럼 머리를 맞댄 앙증맞은 사랑바우가 탐방객을 맞는다.

먼 옛날 모악산 선녀폭포에서는 보름달이 뜨면 선녀들이 하늘에서 내려와 목욕을 즐겼다. 그리고 물의 왕으로 불리는 수왕사 석간수를 마시고 신선대에서 신선들과 어울렸다. 어느 날 폭포를 지나던 나무꾼이 선녀들의 아리따운 자태에 넋을 잃다 못해 상사병까지 얻게 되었다.

선녀들의 모습을 한 번 만 더 보고 죽는 게 평생소원이었던 나무꾼은 보름달이 뜨기가 무섭게 선녀폭포를 찾아나섰다. 그리고 선녀들을 지켜보던 중 뜻밖에 한 선녀와 눈이 마주치게 되었다. 이들 두 남녀는 대원사 백자골 숲에서 사랑을 속삭이며 입을 맞추는 순간 난데없이 뇌성벽력이 요란하게 울렸다. 두 남녀는 점점 돌로 굳어지고 말았다. 돌로 변한 두 남녀의 모습이 마치 열열한 사랑을 속삭이는 듯하다 해서 사랑바우로 부르게 되었다. 이 사랑바우에 지성을 드리면 사랑이 이루어진다고 전해 온다.

모악산 정상에서 동쪽을 바라보면 은빛으로 빛나는 구이저수지 너머로 호남정맥 상의 산줄기에 남성미가 물씬 풍기는 산이 모악산의 쉰질바우와 사랑바우를 애정 어린 눈으로 바라보고 있다. 바로 고래경(鯨) 뿔각(角)을 쓰는 경각산으로 고래 등에 뿔이 난 아버지 산으로 여기고 있다. 모악산과 경각산은 부부의 애뜻한 사랑을 내포 하고 있어 모악산의 쉰질바우와 사랑바우의 전설과 함께 절묘하게 조화를 이루고 있다.

아무튼 어머니가 아이를 업고 있는 형상의 모악산 쉰질바우는 단순한 바우설화를 넘어 모악산의 상징으로 자리 잡고 있다. 또 선녀폭포와 사랑바우 설화는 모악산을 찾는 사람들에게 선녀와 나무꾼과의 지고지순한 참사랑 이야기를 전해주고 있다.

—『전주의 산하』 2025. 4

제6부

◇◇◇

공들이기

전주시민들이 공들여 쌓은 완산 장군봉 아래의 돌탑

1.
공들이기

어머님은 내가 어릴 때부터 "매사에 탑을 쌓듯이 공(功)들여야 한다."고 귀에 옹이가 박히도록 말씀하셨다. 그리고 음력 사월 초파일이면 나를 데리고 고향에 있는 절집에 가서 조상의 영가등(靈駕燈)과 가족의 연등을 켜고 공들이기를 몸소 실천하셨다. 절집의 부처님과 불탑에 공들이고 난 뒤에는 산기슭에 있는 서낭당의 돌탑에도 작은 돌을 올려놓고 가족들의 소원을 비셨다. 내가 고향을 떠난 뒤에도 틈만 나면 사찰에서 공들이고 새벽마다 부뚜막에 정화수를 떠 놓고 조왕신에게 가족들의 무병장수를 기원하셨다.

결혼한 뒤에는 어머니를 대신해서 아내가 전주 기린봉 자락에 있는 선린사로 불공드리러 다녔다. 어머님이 돌아가신 뒤 처음 맞는 사월 초파일에는 아내를 따라 선린사에 가서 조상의 영가등과 가족의 연등을 켜고 불공을 드렸다. 부처님께 불공을 드리다가 무심코 아내의 모습을 바라봤다. 아뿔싸, 아내의 모습이 마치 어린 시절 절집에서 불공을 드리시던 어머님의 환영처럼 다가왔다. '매사에 탑을 쌓듯이 공들여야 한다.'는 어머님의 말씀을 가장인 나를 대신해서 아내가 실천하고 있음을 깨닫게 되었다. 칠순을 남기고서야 비로소 어머님이 말씀하셨던 공들이기의 의미를 톺아보았다.

탑은 승려가 불도를 수행하여 교법을 펴는 사찰에 세워진 불탑과 마을 근처 당산이나 서낭당에서 소원을 빌며 공들여 쌓은 돌탑이 있다. 또 학생이나 문학도들이 마음속에 쌓는 글탑도 있다. 불탑과 돌탑은 중생들의 번뇌를 벗고 성불하거나 불자들의 소원을 빌기 위함이다. 글탑은 학생과 문학도들이 인격수양과 학문에 정진하는데 그 의미를 찾을 수 있다.

우리나라에는 불교의 불탑이 들어오기 전부터 탑을 공들여 쌓는 믿음이 있었고 그 전통은 오늘날까지 면면히 이어져 오고 있다. 그런데 오늘날 서울의 남산타워, 부산 용두산의 부산타워, 대구 두류공원의 대구타워 등 서양식 탑들이 그 지역의 랜드마크로 부상하고 있다. 서양식의 높다란 망루식 탑들이 우후죽순으로 들어서면서부터 서양문화가 우리 전통문화를 몰아내고 있는 모양새다.

선조들이 애지중지 여겼던 사찰의 불탑이나 서낭당 등의 돌탑 쌓기는 우리들의 의식 속에서 점차 잊혀가고 있다. 선조들이 공들인 사찰의 불탑이나 서낭당의 돌탑 쌓기가 우리 정서인데도 그렇다.

예컨대 경주 감은사 터에 남아있는 두 개 석탑은 신라 신문왕 때 왜적을 진압하기 위해 사찰을 창건하면서 쌓았다. 비록 사찰은 사라졌지만 석탑은 1340년이 넘도록 웅장한 자태를 잃지 않고 있다. 경주 불국사의 석가탑과 다보탑은 신라 경덕왕 때 쌓았는데 1270여 년의 세월의 강이 흘렀어도 갓 쌓은 탑같이 산뜻한 모습이다. 경주 보리사 삼층석탑은 천년 세월이 지났어도 아름다운 자태를 자랑한다. 이갑용 처사가 백년 전에 쌓은 진안 마이산 탑사의 80여 기의 돌탑은 천지탑을 중심으로 조화의 극치를 이루면서도 무너지지 않는 신비로움을 간직하고 있다. 전주 완산(완산칠봉) 정상의 서쪽 산자락에도 몇 년 전부터 시민들의 아름다운 손길에 의해 공든 돌탑이 하나둘 세워졌다. 그런데 누군가 그 돌탑을 자꾸 무너뜨렸다. 돌탑 쌓기와 무너트리기가 몇 차례 반복되는가 싶더니 지금은 앙증맞은 돌탑 아홉 개가 완산의 명소로 자리 잡게 되었다.

그런가 하면 신라 말 도선국사가 창건한 화순 운주사의 천불천탑은 고려 때 혜명스님이 천 명과 함께 공들여 쌓았다고 한다. 정유재란 때 왜적에게 폐사되어 1800년경 무너진 불상과 불탑을 다시 세웠다. 그런데 공을 덜 들였는지 대부분 무너지거나 훼손되고 91개의 석불과 21기 석탑만 남아있어 천불천탑이란 말이 무색할 따름이다.

아무리 공든 탑도 오랜 세월이 흐르거나 전쟁 또는 풍우 등에 의해 필연적으로 무너지기 마련이다. 그런데도 마이산의 탑사의 신비스런 돌탑, 불국사의 다보탑과 석가탑, 감은사의 석탑 등은 쉽게 무너지지 않는다. 선조와 어머님이 서낭당에 켜켜이 쌓았던 돌탑이나 문학도들이 마음속에 공들여 쌓은 글탑도 영원한 상징물로 살아있다.

칠순을 넘기도록 나는 석탑이나 돌탑은 커녕 글탑도 제대로 쌓지 못한 설익은 인생을 살았다는 생각을 떨쳐버릴 수가 없다. 만시지탄이지만, 어머님의 말씀을 말없이 실천해 온 아내처럼 마음을 다잡고 서낭당 돌탑과 글탑 쌓는 데 공들여야겠다.

— 《전북일보》〈금요수필〉 2023. 10. 20
《전북문단》 100호, 2023. 6 / 《수필과 비평(전북)》 2023. 6

2.
내 안의 아버지를 보다

"당신도 나이가 들수록 아버님을 빼닮아가네요."

내 머리를 염색해 주던 아내가 얼굴을 살피며 말했다. 하지만 어린 시절부터 가부장적이고 무뚝뚝한 아버지와의 관계가 왠지 서먹서먹했다. 이에 가부장적인 아버지의 부정(父情)보다 다정다감했던 어머니의 모정(母情)이 마음속에 똬리를 틀게 되었다. 그래서 아버지의 가부장적인 모습을 닮지 않겠다고 맹세했던 터다.

그런데 일흔 초반에 양친을 여의고 난 뒤부터 거울 속에 비친 내 모습이 아버지의 생전 모습과 빼닮아가는 것을 볼 때마다 만감이 교차한다. 그렇게 닮지 않고 싶었던 아버지의 모습이 내 마음속에 잠재되어 있는 모습과는 달리 보였던 연유다. 게다가 날이 갈수록 아버지에 대한 그리움과 빈자리가 더욱 크게 느껴졌다. 곱씹어보니 그 시절 아버지들이 하나같이 가부장적인 성격에다가 가족의 생계가 더 급급해 뒤를 돌아볼 겨를이 없었을 따름인데도 우매한 시각으로만 바라봤던 탓이다.

돌이켜보면 아버지가 가족들에게 다정다감하지 못했던 것은 몇 가지 이유가 있었다. 천직이 농부인 조부의 독자였던 아버지와 육 남매의 장녀였던 어머니가 결혼하자마자 발발한 한국전쟁으로 말미암아 고단한 삶은 예견된 거나 마찬가지였다. 이에 아버지는 국군의 전쟁 장비 운반 등에 동원되었고, 어머니는 준동하는 빨치산을 피해 핏덩이인 나를 데리고 힘겨운 피난살이는 물론 농사일과 밭일을 도맡아야 했다. 게다가 2년 터울로 태어난 육 남매 양육에 눈코 뜰 사이가 없을 지경이었다.

게다가 한국전쟁이 끝난 뒤에는 친구들과 어울리거나 남의 일에 적극적인 아버지의 성격 때문에 집안일을 떠맡게 된 어머니의 삶을 무척 힘들게 했다. 한량에다 매일 두주불사인 아버지의 모습과 술값이나 손님 접대비 과용 문제도 가족들의 마음을 아프게 했다.

더욱이 삼복더위에 밭에서 혼자 일하다가 육십 중반에 뇌출혈로 쓰러진 어머니 때문에 자식들의 원망을 들어야 했다. 하지만 27년 동안 뇌출혈 후유증으로 고생하다가 구십 초반에 작고한 어머니에 대한 가슴앓이는 자식보다 더 심했다. 그래서인지 수족을 못 쓰는 어머니가 요양병원 생활할 때부터 어머니와 자식들에게 당신이 죄인이라는 말을 입에 달고 살았다. 그리고 전주 집에 사는 것을 마다하고 고향 선산을 지키다가 팔십 대 중반에 몹쓸 직장암을 얻어 육 개월 만에 운명했다. 그런 와중에서도 선조의 묘소를 자손들이 관리하기 쉬운 선산으로 이장하고, 양친의 장례비와 가묘까지 마련해 놓았다. 어머니 병시중으로 고생하는 자식들의 수고를 덜어주려는 배려였다.

곱씹어 생각해 보니 내가 아버지로부터 얻은 삶의 지혜와 교훈은 헤아릴 수 없었다. 꼭두새벽부터 부지런히 일하면서도 한학에 심혈을 기울였던 모습에서 근면함과 학문의 소중함을 깨우쳤다. 사교적이고 한량인 아버지의 장점을 거울삼아 사회생활과 직장생활을 원만하게 할 수 있었던 것도 감사해야 할 일이다. 그리고 어머니에게 살림을 떠맡기거나 두주불사인 아버지를 닮지 않기 위한 타산지석의 교훈으로 삼을 수 있게 되었다.

어쩌면 남자가 아버지가 되는 일은 여자가 어머니가 되는 일과는 다른 의미를 가질 수밖에 없는 것 같다. 인생의 깊이와 아픔과 모순을 끌어안고 사는 존재가 바로 나의 아버지였을 성싶다. 나 자신도 아버지 역할에 대해 배운 곳이 우리 가정이었고, 어린 시절 보았던 아버지의 모습이었다. 그러다 보니 아버지를 원망하면서도 무의식적으로 지난날 아버지의 행동과 모습을 따라갈 수밖에 없었다. 고백하건대 나 자신도 아내에게 집안일을 맡겨놓고 직장과 사회생활에 전념하거나 전국의 산하를 누비는 전통지리 탐구에 온통 정신을 빼앗겼던 게 사실이다. 게다가 아내와 두 아들에게도 좀 더 다정다감하지 못했던 점도 후회스럽기 짝이 없다.

나도 모르게 아버지를 빼닮아가는 내 모습을 비로소 아내의 지적과 거울을 통해 발견하였다. 여기에 아버지와 나의 두 아들에 대해서도 깊이 통찰하는 소중한 시간도 갖게 되었다.

모진 삶의 무게를 말없이 감내하며 가족들을 위해 헌신해 온 아버지를 이해하지 못했던 나 자신이 한없이 부끄러울 따름이다. 나이가 들어갈수록 성격과 외모마저 아버지를 빼닮아 가는 내 모습이 마치 천륜지정(天倫之情)으로 다가온다. 아버지와 나의 두 아들과의 관계에 대해서 좀 더 일찍 깨달을 수 있었다면 얼마나 좋았을까.

아버지, 부디 우매한 큰 자식의 허물을 용서하시고 어머니와 함께 극락왕생하세요.

―《전북문학》 2024. 10 /《행촌수필》 2024. 10

3.
매미와의 동고동락

　매미의 노래를 벗 삼아 고향 뒷동산에서 독서나 낮잠을 즐겼던 유년 시절이 지금도 눈앞에 삼삼하다. 그 유년 시절 추억 때문에 전주에 살면서도 매미가 좋아하는 느티나무가 있는 단독주택을 선호했다.
　하지만 이십 년 전부터는 고향 뒷동산이나 전주의 집에서도 매미의 노래를 들을 수 없게 되었다. 전주의 집 느티나무는 나뭇잎이 이웃에 떨어져 피해를 주기 때문에 잘라냈고, 고향의 뒷동산에 울창했던 숲은 벌목으로 민둥산이 되었기 때문이다.
　그런데 2022년 여름, 매미(耳鳴)가 예고도 없이 내 귓속으로 불쑥 찾아들었다. 처음에는 참매미가 고상하게 노래하는가 싶더니 일 년쯤 지나자 말매미가 악다구니를 쓰기 시작했다. 골치가 아프고 정신이 혼미해서 업무에 집중할 수 없을 정도였다.
　설상가상으로 아내의 귓속에서도 매미가 노래하기 시작했다는 말을 듣고 어안이 벙벙했다. 아내와 함께 용하다는 병원과 한의원을 찾아다녔지만 매미가 우는 이명(耳鳴) 현상은 신경안정제 이외는 특효약이 없다는 결론을 얻었다. 우리 부부뿐 아니라 이비인후과나 신경정신과를 찾는 이명 환자들이 의외로 많았다. 환자들은 지긋지긋한 매미 소리를 평생 들으며 살아갈 일을 생각하니 기가 막힌다고 한숨을 쉬었다.

고민을 거듭하던 아내는 어차피 매미와 평생을 동행해야 할 운명이라면 선조들처럼 매미 소리를 소음공해가 아닌 음악으로 즐기며 살자고 했다. 나는 의사와 아내의 의견대로 금주와 함께 골치 아픈 일을 내려놓고 힐링워킹과 맨발 걷기에 심혈을 기울였다. 지성이면 감천이랄까. 몇 달이 지나자 말매미의 악다구니보다 참매미의 노래가 많아지면서부터 다소 생활이 안정되었다. 아내의 긍정적인 마인드 덕택에 생활이 안정된 것을 계기로 선조들이 숭상했던 매미의 오덕(五德)과 삶을 되새겨 보았다.

예로부터 유학자들은 매미가 다섯 가지 덕을 갖추고 있다 하여 숭상의 대상으로 삼았다. 예컨대 머리에 홈처럼 파인 줄을 갓끈과 비슷하게 보아 학문에 뜻을 둔 선비와 같다고 했다. 또 사람이 힘들게 농사지은 곡식을 해치지 않으니 염치(廉恥)가 있고, 집을 짓지 않으니 욕심이 없이 검소(儉素)하고, 죽을 때를 알고 스스로 지키니 신의(信義)가 있고. 깨끗한 이슬과 수액만 먹고사니 청렴(淸廉)하다고 여겼다.

그리고 임금이 정무를 볼 때 곤룡포를 입고 머리에 썼던 익

선관(翼善冠)과 벼슬아치들이 쓰는 오사모(烏紗帽)의 양쪽 뿔도 매미의 날개를 본떠 만든 것이라고 한다.

그런가 하면 이규보는 『방우선』에서 '거미줄에 걸린 매미는 칭찬했으나 청렴한 척하는 거미는 교활하다.'고 읊었다. 반면 이옥은 『지주부』에서 '매미는 자못 청렴함을 자랑하면서도 시끄럽게 울어 댄다.'고 은근슬쩍 꼬집었다.

근대에 와서는 매미 울음소리가 시끄러운 존재로 인식되고 있지만, 선조들은 매미 울음소리를 듣기 좋은 풍류로 인식하였다. 이는 숲이 울창했던 시절에는 아름답고 고상하게 '맴맴맴' 하고 우는 참매미가 많았던 연유다. 하지만 최근 도시화가 급격히 진행되면서 숲이 줄고 각종 소음과 가로등 불빛이 증가하자 밤낮을 가리지 않고 '쌔울-쌔울-쌔울-'하고 시끄럽게 울어대는 말매미가 많아진 탓이다.

문학에서의 매미는 유충일 때는 땅속에서 7년을 살다가 성충이 되면 허물을 벗고 7일 동안 목 놓아 울다가 삶을 마감한다 하여 비운의 소재가 되었다. 흙수저로 태어난 사람이 자수성가한 뒤 자신의 모든 것을 불사르는 경우를 빗대어 매미 같은 인생으로 비유했다. 7년 동안 나무의 진액만 배부르게 먹다가 죽음을 앞두고 밖으로 나오는 게으른 곤충 또는 소음을 유발하는 해충으로 인식되기도 한다. 집도 없고 직업도 없는 백수건달을 매미로 치부하는 경우도 있다.

아무튼 매미는 한평생을 어두운 땅속에서 지내다가 여름철에 잠깐 세상 구경을 한 뒤 생을 마감하는 것이 억울해서 서럽게 울어대는 불쌍한 곤충이다. 그나마 암컷은 알을 낳아야 하기 때문에 발성기관이 아닌 산란기관이 발달해서 수컷처럼 울지도 못한다. 안타까운 것은 우렁차게 우는 수컷을 찾아서 짝짓기에 성공한 뒤 알을 낳고 생을 마쳐야 하는 종족보존의 희생양이라는 점이다.

어쨌거나 한여름에 견딜 수 없을 정도로 시끄럽게 울어대는 말매미가 많아진 것은 인간들이 저지른 업보 때문이다. 따라서 매미의 소음을 탓하기보다 선조들이 숭상의 대상으로 여겼던 것처럼 매미의 오덕과 삶을 존중해야 할 일이다.

우리 부부는 이명(耳鳴)과의 동고동락을 통해서 매미의 오덕과 진솔한 삶을 배웠다.

— 《한국문협》 10월호, 2024. 9

4.
울지마, 죽산조(竹山鳥)

옛 서대문형무소 징역꾼과 형무관 사이에는 죽산조에 얽힌 가슴 시린 이야기가 전해오고 있다. 죽산조는 간첩 혐의 등으로 누명을 쓰고 사법살인된 조봉암의 아호(竹山)에서 따온 상상 속의 새다. 어쩌면 죽산조라는 새를 통해 사법살인을 저지른 정치권과 사법부에게 에둘러 경종을 울리고 있는지도 모른다.

독립투사 또는 비운의 정치인으로 알려진 죽산 조봉암은 사형을 앞두고 서대문형무소 독방 생활의 고독을 달래기 위해 날짐승들과 벗을 맺었다. 그리고 벗들을 위해 배고픔을 무릅쓰고 삼시 세끼마다 정성껏 밥상을 차렸다. 자기 밥에서 골라낸 콩은 창밖에 모인 비둘기에게 던져주고, 보리 밥알은 참새들이 먹을 수 있도록 창가에 올려놓았다. 그는 옹기종기 모여든 비둘기와 참새가 '구구구' '쩍쩍쩍'거리며 콩과 보리 밥알을 쪼아먹는 정겨운 모습을 바라보며 희열을 느꼈던 연유다. 사람과 날짐승들 간의 지고지순한 참사랑이 아닐 수 없다.

죽산이 사형된 뒤 서대문형무소 버드나무에 낯선 새가 나타나 구슬프게 울었다. 사람들은 억울한 누명을 쓰고 형장의 이슬로 사라진 죽산의 원혼이 새로 환생해서 구천을 떠돌며 운다고 했다.

돌이켜보면 역사적 인물로 기억되는 조봉암은 강화에서 빈농의 아들로 태어나 어린 시절은 공부는 뒷전이고 동네 장난꾸러기였다. 청년시절 군청 공무원이었던 그는 삼일 만세운동에 참여했다가 옥살이를 하게 된다. 독립지사 유봉진과 함께 삼일 만세운동을 지휘한 혐의였다. 그 뒤 공부에 대한 열망으로 주말엔 엿장수를 해가며 일본 주오(中央)대학에서 사회주의 이론서들을 탐독했다. 이후 러시아와 중국에 머물며 사회주의에 대해 더욱 확고한 신념을 쌓았다.

하지만 그 대가는 혹독했다. 중국 상하이에서 일본 경찰에 잡혀서 칠 년간 옥살이하는 사이 부인과 사별하는 등 집안이 풍비박산되었다. 이후 인천에 머물며 정치적인 입지를 다져나갔다. 대중을 향한 그의 행보는 해방 이후부터 지방의 건국준비위원회가 인민위원회로 개편되면서 두드러졌다. 그는 좌익운동의 중심에서 한발 물러나 조용하고 폭넓은 활동을 했다. 인천공설운동장에서 열린 미소공위 속개 촉진을 위한 인천시민대회에서 좌익과 우익 모두에게 계급 독재에 반대한 연설로 큰 반향을 불러일으켰다.

한때 사회주의 신봉자였던 그는 광복 후 대한민국 건국에

크게 이바지하였다. 그 뒤 제헌 국회의원에 당선되었고 같은 해 농림부장관에 임명되어 농지개혁법 제정을 주도하여 국민의 지지를 받았다. 그 뒤 대통령 선거에 출마했지만 이승만 후보에게 패배한 뒤부터 끊임없는 정치적 모략과 견제를 받아야만 했다.

이른바 진보당 사건에 연루된 국가보안법 위반으로 체포되어 일사천리로 진행된 석연찮은 재판으로 사형선고를 받았다. 장택상은 그가 사회주의자가 아니라며 구명운동을 펼쳤으나 헛수고였다. 우익단체들은 사형집행의 목소리를 높였다. 결국 1959년 7월 사형이 집행되었으나 반세기 만에 대법원의 무죄 판결로 복권되었다.

하지만 강화군 지산리에 위치한 그의 생가는 논밭으로 변해버렸고, 고향 강화에서 그를 기억하는 사람은 그리 많지 않았다. 간첩혐의로 교수형에 처해진 정치범을 함부로 입 밖에 꺼낼 수 없었던 이유였다. 다행히 인천광역시청에서 항일운동가인 그의 생애와 억울한 죽음과 복권 등을 담은 『청소년이 만나는 죽산 조봉암』을 펴내고 명예회복에 앞장서고 있어 무척 고무적이다.

그의 서거 50주기를 앞두고 정치계·학계에서도 명예회복에 대해 활발한 논의가 이루어지기 시작했다. 이제 강화 사람들은 한 세기에 나올까 말까 한 인물로 그의 업적을 높게 평가하고 있다. 조봉암을 기리는 후손들의 노력도 점차 뜨거워

지고 있다. 죽산 조봉암기념사업회가 태동되는 것을 계기로 강화 진해공원 내에 추모비를 세웠다. 그의 생가 복원과 자료 발굴은 물론 역사의 재평가를 통한 명예회복 작업도 활발하게 진행되고 있다.

그런데 사법살인 된 죽산 조봉암이 반세기 만에 대법원의 무죄판결로 복권이 되었음에도 위정자들은 묵묵부답이다. 만약 그의 원혼이 환생한 죽산조가 나에게 정치권과 사법부의 그릇된 행위를 하소연한다면 과연 뭐라고 대답해야 할까.

나는 서슴없이 "울지마, 죽산조. 국민들이 위로해 줄 테니까."라고 화답할 것이다.

―《전북문학》 2024. 8

5.
야명조(夜鳴鳥)의 경종

　원효대사는 '중생의 병중에서 가장 무서운 병이 내일로 미루는 습관이다.'고 경종을 울렸다. 다부치 요시오는 『숲에서 생활하다』에서 '노인은 후회의 노예, 젊은이는 꿈의 노예'라고 설파했다.

　그런데 젊은 시절 모든 일에 열성적이었던 일했던 내가 칠순을 넘기면서부터 오늘 할 일을 차일피일 미루다가 후회하는 일이 가끔 벌어지고 있다. 예컨대 일 년 전부터 시작된 이명(耳鳴)을 아무렇지 않게 생각하고 초기 치료를 방치했다가 귓속의 매미와 전쟁을 벌여야 했다. 지난 겨울에는 춥다는 핑계로 등산과 저녁 운동, 그리고 식탐 조절에 소홀했다가 봄부터 뱃살을 빼느라고 애를 먹었다. 올해는 유난히 비가 자주 와서 외벽의 창문 틈으로 빗물이 스며드는 것을 방치하다가 아내의 재촉을 받고서야 실리콘 작업으로 겨우 해결할 수 있었다.

　가장 후회막급인 것은 치통 때문에 고생하셨던 어머님의 전철을 밟지 않아야 함에도 불구하고 젊은 시절부터 치아 관리를 소홀히 한 일이다. 그 결과 임플란트, 보철치료 등으로 돈도 많이 들고 고통을 심하게 겪어야 했다. 얼마 전에는 잇몸이 붓는 것을 바쁘다는 핑계로 염증 치료 약만 사 먹고 치과에 가는 것을 자꾸만 미뤘다. 급기야 의사로부터 잇몸이 전반적으로 부실해져서 자칫 잘못하면 틀니까지 해야 한다는 경고까지 받았다. 정신이 바짝 든 나머지 주식처럼 즐겼던 술까지 끊고 잇몸 관리에 안간힘을 쓰면서 때늦게 후회하고 있다.

설핏 히말라야 에베레스트 등반 때 네팔 카트만두 출신 셰르파에게 들었던 야명조 이야기가 떠올랐다. 그새는 망각 증상이 심해서 엄동설한에 둥지 짓는 일을 차일피일 미루다가 얼어 죽는다고 한다. 아기 박쥐를 닮은 할단(鶡鴠)새의 별칭을 가진 야명조는 세계 최고봉인 에베레스트에 둘러싸인 네팔의 수도 카트만두 사람들의 민담에 등장하는 새다.

네팔 카트만두의 낮 기온은 비교적 따뜻한 편이지만, 밤이 되면 눈보라가 매섭게 몰아치고 혹독한 추위가 엄습한다. 야명조는 따뜻한 햇살이 비추는 낮에는 마음껏 날아다니며 노는 데 정신이 팔린다. 그 대신 밤이 되면 다른 새와 달리 추위를 피할 수 있는 둥지가 없어 혹독한 추위와 싸우며 서럽게 울어야만 한다. 그리고 밤마다 둥지를 짓는 일을 망각한 자신을 원망하며 '내일은 꼭 둥지를 지어야겠다'고 수없이 되뇐다. 하지만 고통의 밤을 지새우고 따사로운 햇살이 비추는 아침이 되면 지난밤에 결심했던 둥지 짓는 일을 언제 그랬느냐는 듯이 새까맣게 잊고 만다. 결국 야명조는 망각 증상 때문에 둥지 짓는 일을 미루다가 얼어 죽고 종족들도 멸종에 이르게 되었다.

야명조는 나처럼 오늘 할 일을 바쁘다는 핑계로 차일피일 미루는 망각 증상 때문에 때를 놓치고 후회하는 인간들에게 울리는 경종이 아닐 수 없다. 인간은 누구나 건강, 재물, 명예 등을 모두 얻으려고 안간힘을 쓴다. 그러나 재물이나 명예는 세습 등으로 얻을 수 있지만, 건강은 본인의 피눈물 나는 노력으로 얻을 수 있다. 하지만 어리석게도 이를 망각한 인간들은 나처럼 병원에 가는 일을 미루거나 일중독에 빠져서 건강관리를 소홀히 하다가 때늦은 후회를 하게 된다.

이참에 내일로 미루는 습관 때문에 멸종에 이르게 된 야명조의 경종을 나의 건강백세를 설계하는 타산지석으로 삼을 생각이다.

―《수필과 비평(전북)》제23호, 2024. 8

6.
할매들의 힐링 필드

　인생의 텃밭을 아름답게 가꾸다가 황혼을 맞이한 할매들의 힐링 필드가 인기다. 그곳은 바로 전주효자초등학교 운동장으로 학교 측에서 주민들의 건강증진을 위한 장소로 제공해서 큰 호응을 얻고 있다. 또 할매와 할배들이 쉴 수 있는 벤치도 만들고 방과 후에는 주민들이 이용할 수 있도록 학교 주차장까지 개방하고 있어 고무적이다.
　할매들의 힐링 필드에 참여하는 사람들은 대부분 육십 대 후반에서 구십 대의 노익장 할매들이다. 사람들은 코로나와 팍팍한 삶에 지친 할매와 할배들의 몸과 마음을 치유하는 공간이라는 의미에서 '할매들의 힐링 필드'로 부르고 있다. 매일 오후 여섯 시면 노익장들이 자연스럽게 모여서 걷기와 담소를 나누며 힐링을 즐기고 있다. 칠십 대인 나도 모악산이 한눈에 잡히고 성지산공원이 인접해서 대자연과 교감하고 힐링할 수 있는 적합한 장소라서 아내와 함께 참여하게 되었다.
　노익장들이 힐링하는 방식도 각양각색이다. 가장 열성적인 노익장은 허리가 점점 기역자로 휘어져서 걷기가 힘들어지자 네 바퀴가 달린 보조기구에 의지해서 걷기운동을 하는 팔십 중반의 부지런한 할배다. 최고령의 노익장은 지팡이에 의지해서 은발을 휘날리며 부지런히 걷는 구십 대의 멋쟁이 할매다. 그 뒤를 이어 허리나 무릎연골이 부실함에도 불구하고 복대나 무릎보호대를 하고 열심히 걷는 팔십 대의 할매들이다. 아직은 꽃중년에 해당하는 칠십 대와 육십 대 후반의 할매들은 맨발 걷기와 빨리 걷기를 즐긴다. 걷기가 힘든 할매들은 끼리끼리 벤치에 앉아서 담소를 나눈다. 그밖에 금슬 좋은 부부나 지인들끼리 다정하게 정담을 나누며 걷는 모습도 볼 수 있다.

나의 힐링 방법은 첫 단계는 손뼉 치며 팔돌리기와 빨리 걷기, 두 번째 단계는 복식호흡을 하면서 달리기와 맨발 걷기, 세 번째 단계는 팔 굽혀 펴기와 마무리 운동 등 칠십 분의 프로그램이다. 아울러 내 몸이 아프면 아내와 자식들을 고생시킨다는 일념으로 올바른 식습관과 건강관리를 위해 애쓰고 있다. 예컨대 건강에 큰 영향을 미치는 지방산이 풍부한 생선과 고단백질 식품, 견과류를 섭취하고 있다. 또 심혈관과 건강한 근육 유지와 체중 관리를 위해서 공휴일이면 등산하고, 평일에는 퇴근 후 할매들의 힐링 필드로 달려간다. 그리고 사회활동과 역사·문화 탐방, 글쓰기와 등산으로 스트레스 해소와 일상의 즐거움을 찾고 있다. 특히 수명을 단축시키고 다양한 질병을 유발하는 백해무익인 담배와 술을 멀리하고 있다. 그 결과 밥맛이 좋아지는 쾌식, 용변을 잘 보는 쾌변, 잠을 잘 자는 쾌면의 삼쾌와 이명이 완화되는 일거사득(一擧四得)의 효과를 톡톡히 보게 되었다.

요즘 현대 의학의 발달과 건강에 대한 인식이 높아지면서, 사람들의 기대 수명은 점차 백세로 늘어나는 추세다. 그러나 진정한 장수의 비결은 요양병원 등에서 병마와 싸우며 오래 사는 것보다 정신적, 육체적으로 건강하게 오래 사는 것이다.

그런 의미에서 비춰볼 때 노익장들이 즐겨 찾는 힐링 필드는 운동뿐 아니라 사람 냄새나는 다정한 이웃끼리 벤치에 모여 앉아서 정담을 나누는 힐링 장소로 필수 불가결한 곳이다. 특히 가족끼리 손잡고 나와서 엄마 아빠는 가벼운 운동을 하면서 '하하하' 웃고, 아이들은 그네나 시소를 타거나 소꿉놀이 하면서 '깔깔깔' 웃는 모습이 보기에 참 좋다. 선입견이 없는 아이들은 하루에 삼백 번을 웃고 생각이 많은 어른은 하루에 겨우 다섯 번을 웃는다고 한다.

그 무엇보다도 노년에 가장 무서운 병은 고독이다. 자식들이 성장해서 모두 집을 떠난 뒤 노부부가 서로 의지하며 살다가 짝을 잃게 되면 고독에 시달리다가 병을 얻기가 십상이다. 할매들의 힐링 필드에 탑승한 노익장 중에서도 짝을 잃은 뒤 건강 악화로 요양병원에 입원한 것을 가끔 볼 수 있다. 그때마다 장래 우리 부부의 모습을 보는 것 같아 힐링에 더욱 박차를 가하게 된다.

동서고금을 막론하고 인류의 오랜 소망은 아프지 않고 건강하게 오래 사는 것이다. 중국 진시황제를 비롯한 권력자들은 불로불사(不老不死)의 영약을 구하려고 백방으로 노력했지만 그리 오래 살지 못했다. 최고의 명약은 바로 올바른 식습관으로 골고루 영양을 섭취하고 규칙적인 운동으로 힐링하면서 건강백세를 추구하는 게 아닐까 싶다. 건강도 실력이라고 했다. 고로 건강이 뒷받침되지 않으면 죽음과 직결될 수밖에 없다.

오늘도 황혼의 노익장들을 태운 할매들의 힐링 필드 건강열차는 쉼 없이 달리고 있다. 부디 미래 꿈나무인 아이들의 웃음소리와 황혼을 맞이한 노익장들의 웃음소리가 날마다 할매들의 힐링 필드에 가득 울려 퍼지기를 소망한다.

―《수필과 비평(전북)》 제23호, 2024. 8

7.
어싱(Earthing) 예찬

바야흐로 대한민국은 어싱(Earthing) 열풍에 휩싸인 모양새다. 언론이나 어싱 예론자들의 홍보에 솔깃한 성인병 환자나 잔병이 많은 노약자 등 너도나도 어싱 대열에 뛰어들고 있는 연유다. 사십여 년의 등산마니아인 나도 황톳길이나 숲길 맨발 걷기로 이른바 삼대 성인병으로 일컫는 고혈압, 당뇨병, 고지혈증 관리와 심신치유에 효과를 톡톡히 보고 있다. 마침내 어싱 예찬론자들의 열풍에 부응하듯 전국의 120여 개 지방 자치 단체들이 앞다투어 맨발 황톳길 조성에 발 벗고 나섰다. 성남시에는 시민들의 심신치유를 위해 무려 열한 곳에 맨발 황톳길 만들었을 정도다. 황톳길은 몸에 좋은 미네랄을 포함하고 있어 독소를 중화시키고 피부 건강과 세포 재생을 도와준다고 알려졌다.

하지만 전문가들은 어싱이 과연 자신의 몸에 적합한 운동인지 고려하지 않은 채 너도나도 동참하고 있는 현상에 대해 우려하고 있다. 심지어 날카로운 돌멩이나 나무뿌리가 돌출된

산에서도 반바지 차림이나 맨발로 걷거나 뛰는 무별한 산행으로 산악사고가 빈번하게 발생하고 있는 탓이다.

고대부터 어싱은 조상들이 맨발로 생활했던 농경사회에서 비롯된 것을 현대에 적용한 건강하고 긍정적인 라이프스타일의 한 예라고 볼 수 있다. 현대에서는 단순히 농경사회에서 걷는 행위를 넘어 지구와의 깊은 연결을 통해 우리 몸과 마음의 균형을 찾고, 일상의 스트레스와 불안을 완화하는 데 그 의의를 두고 있다.

한의학에서는 몸의 각 장기와 연결된 경혈점이 발바닥에 모여있어 발 근육과 신경 감각을 발달시킨다고 한다. 실제 숲속에서 맨발 걷기를 하면 심신 활성화와 스트레스 해소뿐 아니라 우울증, 고혈압, 아토피피부염, 주의력 결핍에 도움이 되는 것을 체험한 사람들이 많다.

어싱을 위한 제품들도 다양하게 출시되고 있다. 예컨대 어싱 지팡이는 우리 몸과 땅을 연결하여 몸속의 기운을 받아들이는 통로 역할을 한다. 집안에서 편하게 할 수 있는 어싱 패드는 혈액순환에 좋다. 어싱 양말은 발을 다칠 위험성을 예방하는 데 도움을 준다.

그런가 하면 어싱과 산행에 대한 이해 부족과 무리한 운동은 오히려 득보다 실이 더 크다는 사실을 깨닫지 못한 사람들이 의외로 많음을 알 수 있다. 아무리 건강에 좋은 황톳길 걷기도 간단한 스트레칭과 준비 운동은 필수다. 특히 등산할 때 맨발 걷기는 오르막과 내리막이 있기에 발목과 무릎 허리에 무리가 가지 않도록 주의해야 한다. 발바닥에 상처가 있으면 세균에 오염돼 더 큰 질병으로 이어지기 때문에 상처가 아물 때까지 맨발 걷기를 피하는 것이 바람직하다. 당뇨병이 있는 사람은 맨발 걷기에 더욱 주의해야 한다. 심장과 멀어 혈액이 순환되지 못하는 발에 상처가 난다면 정상적인 치유가 이뤄지지 못하는 이유다. 무지외반증 환자의 맨발 걷기도 오히려 병을 악화시킬 수 있다. 엄지발가락이 둘째발가락 쪽으로 휘어지는 무지외반증은 엄지발가락이 몸을 지탱하기 어려워서 척추와 발목에 무리한 힘이 가해져 무릎 연골이나 발목 관절이 상하기 때문이다.

요즘 부쩍 늘어난 어싱으로 인한 부상과 산행 부주의와 심장마비, 음주, 조난 등으로 산악사고가 빈번하게 발생하고 있다. 따라서 맨발 걷기는 황톳길과 숲길, 운동장 등 안전한 곳에서만 해야 옳다. 아울러 산행 때는 반드시 긴 옷과 발목을 감싸는 등산화를 착용하고 배낭에 여벌 옷과 우비, 물과 간식 등을 준비해야만 자기 몸을 보호할 수 있다는 것을 명심해야 한다.

우리 속담에 '친구 따라 강남 간다.'는 말이 있다. 어싱과 산행이 아무리 몸에 좋은 운동이라지만 자신의 몸에 맞는 운동인가를 판단하는 게 가장 중요하다. 사십여 년의 등산전문가인 나는 숲길이나 황톳길, 운동장 등 안전한 장소에서만 어싱을 즐기고 있다. 그리고 산행 때는 산행예절과 안전수칙을 준수하며 호연지기들과 자연정화활동을 실천하고 있다. 이것이 바로 과유불급(過猶不及)을 가슴에 새기면서 어싱과 산행을 즐기는 나의 건강비결이다.

— 《전주문협》 2024. 10

8.
조리돌림의 두 얼굴

 최근 정치권과 사회지도층의 도덕적 해이가 도마 위에 오르고 있다. 작금 우리나라 정치권이나 사회지도층들은 조리돌림 당해야 마땅할 범법행위를 저지르고도 시치미를 떼고 있어 국민들의 공분을 사고 있는 탓이다.
 동서고금을 막론하고 규범에 위배되는 행동을 한 사람은 조리돌림 벌칙이 순리였다. 선조들은 마을의 규범에 어긋나는 행동을 하는 사람이 있으면 마을 회의를 열어 처벌의 수위를 결정했다. 그리고 죄지은 사람의 등에 북을 달아매고 죄목을 써 붙인 뒤 마을을 몇 바퀴 돌아와서 그 죄를 마을 사람들에게 알렸다.
 절대권력을 가진 왕조 시대에는 저자에서 공개처형을 앞둔 사형수들을 조리돌림부터 하였다. 그 뒤 윗옷을 벗기고 귀에 화살을 끼워 고통과 수치심을 주었다. 심한 경우 돌팔매질하고 처형 후 수레에 시체를 걸어서 여기저기 돌거나 부관참시 후 광장에 효수하는 극단적인 사례도 있다. 고려 태조 왕건은 후백제의 견훤에게 항복한 장수의 가족들을 조리돌림시킨 뒤 참형하였다. 5·16군사정권 때는 이정재 등이 공수특전단 대원들에 이끌려 '나는 깡패입니다. 국민의 심판을 받겠습니다.'라는 현수막을 앞세우고 조리돌림당한 뒤 사형되기도 했다.

외국에서도 조리돌림이 다양한 형태로 행해졌다. 고대 로마의 개선식에서는 사람들이 보는 앞에서 포로들을 쇠사슬로 묶고 행진시켰다. 중세 이후 유럽에서는 샤리바리 형태의 조리돌림 풍습이 있었다. 마을 사람 중 불륜 등 부도덕한 행동을 한 사람의 집에 가서 모욕을 줬다. 심한 경우 형틀에 묶여 맞아 죽거나 여성의 경우는 집단 성폭행 등 능욕을 당한 뒤 자살하기도 했다.

서부개척 시대 미국에서는 타르를 죄인의 몸에 부은 뒤 깃털을 뒤집어씌우고 조리돌리는 형벌을 가했다. 1990년대 미국의 일부 주에서는 자신이 저지른 죄명이 적힌 간판을 들고 온종일 서 있게 하였다. 일본 도쿠가와 이에야스의 집권 때는 사형수를 말에 태워 죄상을 적은 깃발과 함께 사형장까지 끌고 가는 조리돌림을 했다. 중국 문화 대혁명 때는 홍위병들이 반동으로 점찍은 사람들을 마구 두들겨 패고 목에 죄명을 쓴 대자보를 두르게 하였다. 지금도 중국에서는 매춘 등을 저지른 범죄자들을 조리돌려 인권단체들의 비난을 받기도 한다. 프랑스에서는 나치점령 때 부역자들과 독일인과 결혼했거나 애인으로 사귀던 여자들을 삭발시켜 거리를 끌고 다니며 조리돌림을 하였다.

그런데 근대에 이르러 조리돌림 양상은 야누스처럼 긍정적인 측면과 부정적인 측면의 두 얼굴을 가지고 있다. 죄를 저지른 사람은 죗값을 치르는 게 당연하다. 하지만 인간으로서의 명예와 자존감을 말살해 버리기 때문에 정신적으로 잔인한 형벌 또는 인권침해라는 지적을 낳고 있다. 더욱이 현대판 조리돌림은 단순한 언어적 표현을 넘어서 사회적 괴롭힘, 온라인 행동규범 또는 집단적 심리와 같은 복잡한 개념들과 깊게 연관되어 있다.

아울러 최근의 조리돌림은 주로 정신적, 언어적 학대 형태로 변하고 있다. 인터넷과 소셜미디어의 발달로 물리적인 행위에서 온라인상에서의 집단적 비난이나 공격을 의미하는 일로 자리 잡았다. 따라서 현대판 조리돌림이 개인의 명예와 사회생활을 침해할 수 있는 심각한 사회적 문제로 떠오르고 있다.

학교에서는 소수의 학생이 집단 적으로 비난받거니 따돌림을 당하는 상황이 벌어지기도 한다. 직장에서는 신입 직원이나 특정 소수집단이 다수 집단의 부당한 비판이나 공격을 받는 경우도 있다. 정치권이나 인기 연예인들이 공개적으로 여러 매체를 통해 비난받아 사생활 침해나 명예훼손으로 이어지기도 한다. 정치적 의도를 가진 집단에 의해 조직적으로 이어질 수도 있고, 종종 편향된 정보나 왜곡된 사실에 기인한다.

예컨대 모 연예인은 유흥업소 여성으로부터 마약을 투약했다는 모함을 받아 경찰의 과잉수사와 언론의 뭇매를 견디지 못해 극단적 선택을 하고 말았다. 반면 모 연예인은 음주운전과 뺑소니로 언론과 여론의 지탄을 받고 구속되기도 했다. 후자의 경우에는 본인이 저지른 실수라서 현대판 조리돌림을 감수해야겠지만, 전자의 경우 현대판 조리돌림의 희생양이 아닐 수 없다. 아무튼 공직자와 연예인 등은 자기관리에 모범을 보여야 할 의무가 뒤따른다는 것을 잊지 말아야 한다.

이제 조리돌림은 한국 사회에서 중요한 언어적, 문화적 상징으로 자리 잡게 되었다. 단순한 언어적 표현을 넘어서 사회적 괴롭힘, 온라인 행동규범 그리고 집단적 심리와 같은 복잡한 개념들과 깊게 연관되어 있는 연유다. 이에 도덕적 해이나 범법자들에 대한 법적, 사회적 대책 마련이 시급한 과제로 대두되고 있다.

그렇다면 국민 무서운 줄 모르고 정쟁을 일삼거나 범법행위를 서슴없이 저지르는 정치인과 사회지도층에게는 어떤 형식의 조리돌림을 해야 할까.

—《전북문단》 제102호, 2024. 6

9.
햇병아리와 올빼미들의 문학축제

햇병아리는 전북대학교 평생교육원 수필창작 주간반에서 동문수학했던 은발의 만학도를 비유한 말이다. 올빼미는 직장인들이 전북대학교 평생교육원 수필창작 야간반에서 주경야독했던 젊은 문학도들을 지칭한 말이다. 언뜻 생각하면 햇병아리는 은퇴자들이고 올빼미는 한창 일해야 할 직장인들이라서 서로 활동시간이 서로 달라 공생할 수 없는 관계로 보인다.

그런데 햇병아리와 올빼미들이 일심동체가 되어 김학 교수에게 1년 남짓 수필 공부한 짧은 경력임에도 불구하고 '행촌수필문학회'라는 문학단체를 창립하게 되었다. 그 여세를 몰아 문우들이 정성스럽게 쓴 수필을 모아서《행촌수필》창간호를 전북문학계에 선보였다. 그야말로《행촌수필》창간은 은발의 만학도인 햇병아리들과 주경야독하는 젊은 올빼미들이 쌓아 올린 금자탑이자 문학축제가 아닐 수 없다. 이를 계기로 행촌수필학회는 전국의 내로라하는 문학단체와 나란히 어깨를 견주게 되었다.

2002년 5월 창립의 고고성을 울린 행촌수필문학회는 예향의 고장인 전북 문단과 공자의 선비정신을 계승하여 수필문학의 위상을 드높이는 데 그 목적을 두었다. 행촌(杏村)은 은행나무 마을이라는 의미다. 중국 산동성 공지묘 앞뜰에 있는 은행나무 아래에서 공자가 제자들을 가르쳤던 행단(杏壇)을 표방했다. 또 세종대왕 때 좌의정을 역임하고 청백리로 소문났던 충남 아산 맹사성의 고택에 1380년경 심은 두 그루의 은행나무 아래에서 후학을 가르쳤던 '맹씨행단'을 본보기로 삼았다.
 예로부터 선조들은 선비를 상징하는 은행나무를 항상 경외심을 갖고 바라봤다. 이에 선비들이 학문에 정진했던 향교와 서당, 선비 집안에서는 으레 은행나무를 심고 정성껏 가꾸는 데 심혈을 기울였다.
 이렇게 행촌수필문학회는 공자와 맹사성의 선비정신을 계승하려는 심오한 뜻이 담겨있다. '시(詩)는 숨길 곳이 있지만 수필은 숨길 곳이 없다'고 했다. 수필은 곧 우리의 인격을 반영하고 우리의 내면세계까지도 적나라하게 나타내주기 때문이다. 화자는 문우들과 은행나무의 심오한 선비정신을 이어받기 위한 일념으로 충남 아산 맹사성 고택의 '맹씨행단'과 전국의 이름난 은행나무들을 돌아봤다. 회원들은 전주향교와 경기전을 수호하는 은행나무를 《행촌수필》의 표지화로 선택할 정도 선비를 상징하는 은행나무에 대한 애정이 깊었다.
 행촌수필문학회 창립은 수필문학으로 우정을 쌓아가며 수

필의 길을 걷기 위한 햇병아리와 올빼미 문학도들의 굳은 언약이자 당찬 발걸음이었다. 김학 교수의 수필에 대한 가없는 애정과 지도력, 이종택 창립회장의 친화력과 리더십, 문우들의 수필에 대한 열정이 결실을 맺은 걸작이었다. 창립 당시 22명의 회원으로 출발했던 행촌수필문학회는 이십 년이 지난 오늘날 150명을 훨쩍 넘어섰다. 회원들은 한국문인협회, 전북문인협회, 전북수필문학회, 영호남수필문학협회, 수필과비평작가회의, 은빛수필문학회, 꽃밭정이수필문학회 등 전국의 내로라하는 문학단체에서 중추적인 역할을 하고 있다. 바야흐로 문우들이 수필이라는 이름표를 달고 장족의 발전을 하게 된 셈이다.

그 당시 행촌수필문학회 발전과 전북문단활동에 정열을 불태웠던 문학소년들은 영예롭게 공직생활에 청춘을 바치고 여생을 편안하게 즐겨야 할 꽃 중년들이었다. 또 문학소녀들은 집안 살림과 자녀 양육에 청춘을 바치다가 늦깎이로 자기계발에 눈을 뜬 가정주부들이 대부분이었다. 이들이 바로 학창시절의 잠재됐던 문학의 기질을 발산하고자 때늦은 책가방을 분연히 챙겨 들고 인생의 황혼을 아름답게 가꿔가는 이 시대의 진정한 문학도였다.

행촌수필문학회 초대 임원으로 봉사한 사람들의 면면을 보면, 고문 안세호, 회장 이종택, 부회장 전옥자, 최선옥, 김정길, 사무국장 이광우, 편집국장 김홍부 문우 등이었다. 전북대학교 평생교육원 수필창작 주간반은 2021년 8월 개설하여 이종택 문우가 반대표를 맡았다. 2002년 3월 개설된 수필창작 심화반은 전옥자 문우, 2002년 9월 개설된 야간반은 김정길 문우가 반대표를 맡았다.

은발의 노신사로 불렸던 이종택 초대회장은 《행촌수필》 발간사의 주제를 '햇병아리들의 수필잔치'로 묘사해서 갈채를 받았다. 이 회장은 칠순의 늦깎이에 수필공부와 컴퓨터를 배워서 인터넷 백일장에서 장원까지 차지했다. 숨 돌릴 새도 없이 첫 번째 수필집 『때늦은 책가방』 발간하여 문우들의 부러움을 샀다. 여기에 고희를 넘긴 연세에도 불구하고 노익장을 자랑하듯 두 번째 수필집 『은발의 소년』을 발간하여 문학도들의 창작활동에 활시위를 당겼다.

야간반 문우들은 공무원, 언론인, 교육자, 직장인 등으로 구성되었다. 바쁜 직장생활에도 불구하고 주간반 문우들에게 뒤질세라 수필창작에 정열을 불태웠다. 야간반 대표를 맡은 나도 이종택 회장의 리더십을 벤치마킹해서 옷소매를 걷어붙였다. 아울러 《수필과 비평》 2003년 1월호에 〈밤꽃〉으로 등단한 뒤, 첫 번째 수필집 『어머니의 가슴앓이』를 상재했다. 그 수필집에는 주경야독하며 인연을 맺었던 문우들과 대낮에 천년고찰 화암사를 둘러보고 맛집으로 소문난 완주 화산에서 붕어찜으로 회포를 풀었던 〈올빼미들의 화암사 기행〉 외에 60편을 담았다. 그 뒤로 6권의 수필집을 발간했다. 그리고 호연지기들과 전국의 산하를 발품 팔아 쓴 교양도서 『전북 100대 명산을 가다』와 『전라도 천년의 숨결』 등 11권과 공동저서 『완주의 역사·문화』 등 20여권을 펴냈다. 수필 때문에 내 인생관이 달라지는 장족의 발전을 한 셈이다.

행촌수필문학회 문우들은 지난 이십 년간 전국의 수필대회와 행사를 모두 섭렵할 정도로 한국문단과 전북문단 발전을 위해 발 빠르게 움직였다. 김학 교수는 문학도들의 창작활동을 끊임없이 독려하고 작품을 가다듬어서 전국의 문인들에게 이 메일로 제공했다. 이렇게 문우들과 우정을 쌓고 동문수학했던 추억의 일기장 속에는 주마등 같은 사연들이 고스란히 담겨있다. 이에 그동안 행촌수필문학회를 이끌며 봉사했던 지도교수와 역대 회장들의 발자취를 회고해 보는 계기가 되었다.

김학 교수는 전북을 수필의 요람으로 가꾸는 주춧돌이 되었다. 하지만 2021년 1월 79세의 일기로 무에 그렇게 바쁘다고 뇌경색 후유증을 얻어 문우들에게 알릴 틈도 없이 홀연히 하늘나라로 소풍을 떠났다. 아마도 하늘나라 대학에서 수필창작반을 개설하여 이종택, 이기택, 김상곤 문우들과 함께 수필 삼매경에 취했을 게다.

제1·2대 이종택 회장은 행촌수필문학회 발전의 중추적인 역할을 하다가 고인이 되었다. 하늘나라에서도 고인이 된 문우들과 수필창작반을 개설해서 반대표로 봉사할 게 틀림없다.

제3대 최준강 회장은 몇 년 전까지도 수필문학 발전에 앞장섰지만 지금은 수필과 멀어져서 문우들과 교류가 없어 아쉽다.

제4대 김정길 회장은 현안인 행촌수필문학상을 제정했으며, 전북대학교 평생교육원 원우회 감사까지 맡아 봉사했다. 현재는 전주상공회의소에서 30여 년간 재직하다가 기획진흥실장으로 퇴임한 뒤 전북체육회 이사와 전북산악연맹 상근부회장, 모악산지킴이 회장으로 봉직하며, 한국문인협회 이사, 영호남수필문학협회 전북회장, 전북문인협회 수석부회장 등을 맡아 동분서주하고 있다.

제5대 고재흠 회장은 한국신문학회 전북도지회장을 역임하고, 최고령임에도 불구하고 한국문인협회. 전북문인협회, 부안문인협회 등 문단활동에 정열을 불태우고 있다.

제6대 박귀덕 회장은 전북수필문학회장을 역임하고 현재는 전북문인협회 감사, 전북여류문인협회 회장, 김제문인협회 부회장 등을 맡아 문학활동에 열정을 쏟고 있다.

제7대 석인수 회장은 수필의 날 행사 등에 큰 관심을 가졌으며, 한국문인협회, 전북문인협회, 전북수필문학회 등에서 문단활동을 활발하게 펼치고 있다.

제8대 이용미 회장은 수필과비평작가회의 전북회장을 역임하고, 문화관광해설사로 활약하고 있다. 한국문인협회, 전북문인협회, 진안문인협회, 전북수필문학회 등 문단활동에도 열성적이다.

제9대 김형중 회장은 전라시조문학회장과 전북문인협회 대외협력위원장 등을 맡아 전북문단과 시조문학 발전에 심혈을 기울이고 있다.

제10대 최화경 회장은 전북문인협회 수필분과위원장을 맡아 봉사하며, 한국문인협회, 전북수필문학회, 영호남수필문학회 전북지부 부회장 등 문단활동이 왕성하다.

제11·12대 양영아 회장은 꽃밭정이수필문학회장을 역임하고, 전북문인협회 부회장과 영호남수필문학협회 전북 부회장을 맡아, 전북문단 발전을 위해 매진하고 있다.

오늘날 행촌수필문학회는 김학 교수와 역대 회장단, 그리고 문우들이 삼위일체가 되어 척박한 전북 땅을 수필의 옥토로 일궜다. 또 전북에 수필문학의 르네상스 시대를 활짝 열고 행복의 곳간을 수필로 가득 채웠다. 부디 창립 이십 주년을 맞은 행촌수필문학회가 더욱 분발해서 전북문단과 한국문단 발전에 시금석이 되기를 고대한다.

― 2022. 12. 행촌수필문학회 창간 20주년에 즈음하여

10.
비오그라 해프닝

『성기보감』은 조선 시대의 성의학 전문서로서 중요한 가치를 간직했다. 요즘 건강 백세시대를 맞아 각종 영양제와 성기능 개선제인 비아그라 등이 불티나게 팔리고 있다. 특히 고개 숙인 남자들의 최면을 세워주는 발기부전 치료제인 비아그라가 나오자마자 전 세계 남성들을 흥분의 도가니로 몰아넣었다. 이 약 덕분에 부부의 금슬이 좋아진 긍정적인 측면도 있지만 오남용으로 인한 부작용도 많다.

그런데 놀랄 일은 조선 시대에 한 번만 복용하면 남성의 심볼인 거시기가 오그라들지 않는다는 속칭 '비(非)오그라'라는 약이 널리 사용되었다는 사실이다. 오늘날 신비의 명약으로 알려진 비아그라의 효시였던 셈이다.

또 하나 놀라운 사실은 1998년 미국에서 발명된 화제의 성부전 치료제인 비아그라의 처방기술이 우리 고유의 명약에서 유래했다는 사실을 알게 된다면 박장대소할 일이다. 이러한 놀라운 사실은 조선 시대의 독보적인 성의학 전문서로 알려진

『성기보감』이 국립박물관에서 발견됨으로써 세상에 드러나게 되었다.

이 책은 우리나라에서 가장 오래된 한의서로 알려진 고려시대 『향약구급방』과 조선 중기 비뇨기분야의 민간처방을 집대성한 『동의보감』과 쌍벽을 이루는 저서라고 한다. 이 책은 부부관계에서 거시기가 부실할 경우 태백산 깊은 계곡에서 겨울잠에 들어가기 직전의 백사(白蛇)를 잡아서 여러 가지 약재와 함께 삼일 동안 탕을 달여 남자에게 복용시키라고 처방비법을 기술하고 있다.

그 신비의 명약은 처음에는 뱀을 고아 만들었다 하여 '배암고아'로 불리기도 했다. 그런데 민간에서는 한번 복용하면 남성의 물건이 오그라들지 않는다고 해 속칭 '비오그라'라고 했다. '배암고아'는 평민뿐 아니라, 사대부와 안방마님들에게도 폭발적인 인기를 얻었다. 급기야 뱀의 시세가 천정부지로 오르고 한양에서는 집집마다 뱀을 달이는 약탕 냄새가 진동했다. 마침내 신비의 명약 처방은 궁궐까지 소문이 퍼지게 되어 『성기보감』의 저자는 약탕감에 책봉되는 벼락감투까지 쓰게 됐다.

선조들의 위대한 업적은 중국과 실크로드를 통해 전 세계에 널리 퍼지게 되었다. 그런데 조상들의 뛰어난 의학기술로 개발된 민족의 명약 배암고아는 일제 침략기의 어수선한 틈을 타 일본으로 유출되고 말았다. 그리고 배암고아의 비밀 제조기술은 일본이 패망한 후 승전국인 미국에 전리품으로 빼앗기는 등 우여곡절을 겪었다.

미국은 우리 조상의 배암고아 비법을 연구한 결과 일명 칙칙이라는 분무제를 개발하여 전 세계의 포르노산업을 주름잡았다. 한술 더 떠서 미국은 배암고아의 탁월한 효능에 감동한 나머지 대대적인 투자와 연구개발 끝에 농축 알약인 비아그라를 개발해서 떼돈을 벌어들였다. 국력의 쇠약함으로 인해 일본에게 국권과 함께 선조들의 의학 기술마저 빼앗겨 버렸으니 국력의 나약함을 통탄해야 할 일이다.

최초의 항생물질인 페니실린이 곰팡이에서 우연히 발견되었듯이 비아그라가 발기촉진제로 화려한 데뷔를 한 이면에는 재미있는 일화가 있다. 과학사상 심심찮게 일어나는 행운, 또는 뜻하지 않은 우연으로 발견되어 정력이 약한 남성들에게는 희소식을 가져다주었다. 이 약의 발견 과정에서도 우여곡절이 많았다. 세계적으로 유명한 모 제약에서 1980년대 후반에 협심증 치료제를 개발하기 위해 '구연산실데나필'이란 시제품을 출시했다. 하지만 정작 협심증 치료의 효과보다 노년층의 남성 상당수가 회춘 현상을 일으키는 기현상이 벌어졌다.

그 신비의 명약을 부인에게 사용하지 않고 애인이나 내연의 처에게 남발했다가 망신당한 부류도 비일비재했다. 비아그라의 부작용으로 두통이나 소화불량, 코 막힘 등 심장마비로 사망까지 이르는 경우도 종종 벌어졌다. 또 일종의 시각장애 현상도 나타나 명암이 교차하기도 했다. 이러한 부작용을 무릅쓰고 회춘을 위해 비아그라 같은 약을 선택하는 사람이 있는가 하면 짝퉁이 판쳐서 골탕을 먹는 경우도 허다했다. 게다가 배암고아, 비오그라, 비아그라, 시알리스 등 정력제 하나를 놓고 갖가지 별칭도 많았다. 이제는 여성을 위한 정력제나 남성을 위한 제품도 효능이 높고 의사의 처방전도 필요 없는 정력제 출시를 앞두고 있다고 한다.

조선 시대의 서당에서는 유교의 기본 경전인 『논어』 등을 다 배우고 나면 보정(保正)이라는 과목의 성교육을 시켰다고 한다. 인간의 본성을 지키고 몸가짐을 정갈히 하면서 지혜롭고 절도 있는 성생활을 즐기라는 학문인 셈이다.

아무리 좋은 신비의 명약이라 해도 지혜롭고 절도 있는 성생활을 지키지 못하면 동티가 나기 마련이다. 부디 인간의 본성을 지키며 성생활을 즐기라는 선현들의 가르침을 되새겨야 할 일이다.

— 《은빛수필》 2024. 5

11.
자영업자들 벼랑 끝에 서다

　얼마 전 지인이 운영했던 음식점에 붙은 "그동안 고마웠어요."라는 폐업 안내문을 보고 마음이 울컥했다. 그는 젊은 나이에 직장을 잃고 절박한 심정으로 음식점을 운영했으나 빚더미에 짓눌려 폐업할 수밖에 없는 심각한 상황을 맞았다. 이른바 한국경제의 트리플 악재로 불리는 고금리, 고물가, 경기침체 등으로 자영업자들이 벼랑 끝으로 내몰리고 있는 탓이다. 최근 극심한 경기 불황을 견디기 힘들거나 폐업한 자영업자가 부지기수로 늘어나고 있다. 실제 전주 시내를 돌아보면 폐업한 자영업자들이 붙여놓은 점포임대전단지가 갈수록 늘어나고 있음을 실감할 수 있다.
　정부에서는 경기가 좋아지고 있다고 국민을 호도하고 있지만 자영업자들은 피부로 느끼는 실물 경기와는 괴리감이 너무 크다고 아우성이다. 그들은 대부분 조기 퇴직자나 정년퇴직한 베이비 붐 세대들이 가정경제를 위해 자영업에 뛰어들었다가 위기를 맞았기에 더욱 안타깝다. 이래저래 자영업자들의 속은 숯검정처럼 시꺼멓게 타들어 갈 뿐이다.

최근 통계청 자료를 보면 전국적으로 폐업 신고를 한 사업자가 역대 최대 폭인 백만 명에 육박한 것으로 나타났다. 이는 가장 사업하기 힘들었다는 코로나 시절의 팔십만 명 수준보다 훨씬 높은 수치가 아닐 수 없다. 전문가들은 고금리 장기화와 내수 부진에 벼랑 끝으로 내몰린 자영업자들의 위기 상황이 그대로 반영된 결과라고 분석을 내놓았다.

하지만 기획재정부는 최근 경제동향에서 "내수 회복 조짐이 가세하며 경기 회복 흐름이 점차 확대되는 모습"이라며 긍정적으로 평가했다. 국민과 자영업자들이 느끼는 체감경기와는 엇박자인 셈이다.

또 통계청에서는 현재 전북의 자영업자 수가 26만 5천 명이라고 발표했다. 그런데 경기침체로 종업원이 없는 나 홀로 사장이 80%를 차지하고 있다고 한다. 그중에서 장사가 안된 자영업자가 만 명쯤 사라졌는데 이는 경기침체기가 길어지는 것이 원인이라고 지적했다.

전주 시내에서 상권이 좋기로 소문난 신시가지, 혁신도시, 백제로와 팔달로, 전북대 주변 등 상가들도 전방위적으로 경기 불황을 겪기는 매한가지다. 전주의 골목상권을 비롯한 구도심의 상권은 아예 영업이 되지 않아 빈 상가들이 속출하고 있는 모양새다.

그동안 관광객들이 문전성시를 이루면서 호황을 누렸던 전주한옥마을과 관통로 주변 상가의 경우도 불황의 그림자가 짙게 드리우고 있다. 그 이유는 경기침체 현상도 있지만 서울의 기획부동산 자본이 침투하면서부터 상가 임대료가 천정부지로 오르고 바가지 상혼이 극성을 부렸던 탓이다.

과거 정읍 산외면의 한우고기 상가가 몰락한 경우와 닮은 꼴이다. 처음 출발은 한우농가, 정육점, 음식점이 협업하여 고품질과 저렴한 가격의 음식을 제공하는 마케팅 전략으로 호황을 누렸다. 하지만 서울기획부동산 자본이 진출하면서 바가지 상혼이 극성을 부리더니 급기야 구름처럼 몰려들었던 손님들이 썰물처럼 빠져나가고 말았다.

돌이켜보면 전북의 경제도 IMF 사태를 겪으면서 향토기업의 도산과 인구 유출, 그리고 전북에 있던 국가 기관들이 광주로 옮겨가면서 나락으로 굴러떨어지기 시작했다. 설상가상으로 전북에 소재한 대기업의 전북본부들도 '호남본부'라는 명칭으로 통합되어 광주로 떠났다. 그 결과 인사권과 물품구매권 등이 본사나 광주에서 이뤄짐에 따라 전국 대비 전북의 경제력은 2% 아래로 곤두박질쳤다.

여기에 전북의 인구가 매년 수도권 등으로 빠져나가 지역경제가 계속 낙후를 면치 못하고 있는데도 전주신시가지와 혁신도시개발이라는 무리수를 뒀다. 그 결과 구도심에 위치했던 관공서, 금융기관, 기업체 등이 전주시청과 완산경찰서만 남기고 신시가지나 혁신도시로 썰물처럼 빠져나가면서 구도심의 공동화를 부채질했다.

    바라건대 정부와 지방자치단체에서는 구도심과 골목상권을 공동화시키는 신도시 개발이나 뜬구름 잡는 장밋빛 정책발표를 지양해야 한다. 그리고 하루빨리 벼랑 끝에 내몰린 자영업자들의 절박한 하소연에 귀 기울여서 채무 재조정과 세제지원 등 경영 부담 완화 정책을 적극적으로 시행해야 할 일이다. 그래야 한국경제의 버팀목인 자영업자들의 한숨 소리가 이 땅에서 사라질 것이다.

―《임실문협》 2024. 10

12.
섭리(攝理)

누구나 나이가 들면
온몸에 불청객이 예고도 없이 불쑥 찾아든다.

시력이 나빠지는 것은 작은 것에 연연하지 말고
큰 것만 보라는 뜻이다.

청력이 약해지는 것은 작은 소리에 집착하지 말고
큰 소리에 귀 기울이라는 신호다.

기억력이 떨어지는 것은 소소한 것보다
유익한 것만 생각하라는 의미다.

흰머리가 늘어나고 행동이 느려지는 것은
신체의 노화에서 오는 자연스러운 현상이다.

―2021 국회의사당 수필화 전시작품 / 2023년 전북문협 달력 게재작품

13.
자연과 인생

산줄기는 물줄기를 가르는 산자분수령으로
백두대간, 정맥, 지맥, 분맥을 이룬다
이것은 산경표의 우리 전통 지리다

산줄기에 떨어진 물방울 하나하나가 모여서
시내, 강, 바다를 이루다가 하늘로 증발한다
이것은 물의 일생인 수문순환이다

인간은 자연과 함께 살다가
생노병사를 거쳐서 자연으로 돌아간다
이것은 윤회전생이다

이 모든 것이 자연의 섭리요. 인생의 이치다

—전북문학관 2023년 / 부안 변산마실길 2024년 표지목

공들이기

김정길 지음

발행처	도서출판 청어
발행인	이영철
영업	이동호
홍보	천성래
기획	육재섭
편집	이설빈
디자인	이수빈	구유림
제작이사	공병한
인쇄	두리터

등록　1999년 5월 3일
　　　(제321-3210000251001999000063호)

1판 1쇄 발행　2025년 6월 15일

주소　　　서울특별시 서초구 남부순환로 364길 8-15 동일빌딩 2층
대표전화　02-586-0477
팩시밀리　0303-0942-0478
홈페이지　www.chungeobook.com
E-mail　　ppi20@hanmail.net

ISBN　979-11-6855-354-5(03810)

이 책의 저작권은 저자와 도서출판 청어에 있습니다.
무단 전재 및 복제를 금합니다.

이 책은 전북문화관광재단의 보조금을 일부 지원받아 발간하였습니다.